ベターホームが
料理教室で
50年教え続ける、
しっかり作りたい
定番料理100品

ベターホーム協会

はじめに

ベターホームのお料理教室は創立して半世紀以上。
その間に受講された方は、のべ200万人を超えました。

肉じゃが、五目ずし、ハンバーグなどの家庭料理は、
昔は家で作るのが当たり前で、それぞれの家庭の味があったものです。
手作りならではの、温かく、ほっとするおいしさは、いつも家族の笑顔のもとでした。
そして、母から子、子から孫へと、受け継がれてきたものです。
ところが、このごろでは、そういった料理を教わる機会は減る一方となっています。

しかし、家庭料理への憧憬は、今も昔も変わりません。
「ベターホームのお料理教室」が、50年以上にわたって支持され続けているのは、
そんな日本の定番の家庭料理を、きちんと教えてきたから。
「作り方がわからない。でも、ちゃんとした料理を作れるようになりたい」———
この切なる願いを叶えてきたからこそです。

この本で紹介するのは、
これまでベターホームのお料理教室で50年以上受け継がれてきた、
そしてこの先また50年、いえ100年残したい料理ばかり。
単なるレシピにとどまらず、実際にお料理教室に通わなければ学べない、
よりおいしく作るためのコツも、ぎゅっと詰めこみました。
もちろん、味は折り紙つき。
この本が1冊あれば、「食べたかった、あの家庭の味」が、誰にでも作れます。

中には、「かんたん、手間なし」ばかりがもてはやされる、
近ごろの風潮とは逆行するようなレシピもあります。
でも、おいしいものを作るためには、少しくらい手間はかかるもの。
きちんと、ていねいに作った家庭料理には、
どんな一流の料理人でもかなわないおいしさがあります。

さぁ、大切な人のために、おいしい料理を作りましょう。

ベターホームの先生たちが選ぶ、
お料理教室の人気メニュー
BEST10

- 8 … No.1 豚の角煮
- 10 … No.2 ビーフストロガノフ
- 12 … No.3 親子丼
- 14 … No.4 高野どうふの揚げ煮
- 16 … No.5 麻婆豆腐
- 18 … No.6 れんこん蒸し
- 20 … No.7 中華ちまき
- 22 … No.8 だし巻き卵
- 24 … No.9 かにしゅうまい
- 26 … No.10 とりの照り焼き丼

和食

- 30 … 肉じゃが
- 32 … さばのみそ煮
- 34 … かつおのたたき
- 36 … ぶりの照り焼き
- 38 … いわしのかば焼き
- 40 … いわしのつみれ汁
- 42 … 切り身魚の煮つけ
- 44 … ぶりだいこん
- 46 … えびの小判焼き
- 48 … 豆あじの南蛮漬け
- 50 … 筑前煮
- 52 … とり肉の竜田揚げ
- 54 … 治部煮
- 56 … ゴーヤチャンプルー
- 58 … 豚汁
- 60 … 茶碗蒸し
- 62 … ふろふきだいこん
- 64 … 天ぷら
- 66 … 炊きこみごはん
- 68 … いなりずし
- 70 … いかめし
- 72 … 赤飯
- 74 … 牛丼
- 76 … 鴨せいろ
- 78 … 五目ずし
- 82 … 若竹煮
- 83 … たけのこの木の芽あえ
- 84 … あおやぎとわけぎのぬた
- 85 … さといものそぼろあんかけ
- 86 … 焼きなす
- 87 … アスパラとにんじんの白あえ
- 88 … さやいんげんのごまあえ
- 89 … あじの酢じめ
- 90 … ほうれんそうのおひたし
- 91 … うの花いり
- 92 … だいこんの柚香あえ
- 93 … かきたま汁
- 94 … 砂肝の香りづけ
- 95 … 炒めなます
- 96 … ひじきの煮もの
- 97 … きんぴらごぼう
- 98 … 紅白なます
- 99 … 田作り
- 100 … きんとんの茶巾しぼり
- 101 … 黒豆

この本の表記について

●計量器の単位
カップ1 = 200㎖　大さじ1 = 15㎖　小さじ1 = 5㎖　㎖＝cc

●材料
皮や種を除かない状態での重さ（g）を表示しています。除いた場合は「正味」と表示しています。

●電子レンジ
加熱時間は500Wのめやす時間です。600Wなら加熱時間を0.8倍にしてください。
また、材料を倍にする場合、加熱時間は1.5倍にしてようすをみます。

洋食

- 104 … ビーフシチュー
- 106 … ハンバーグ
- 108 … 骨つきチキンのカレー
- 110 … メンチカツ
- 112 … かきフライ
- 114 … ポテトコロッケ
- 116 … オムライス
- 118 … ポトフ
- 120 … パエリア
- 122 … ロールキャベツ
- 124 … チーズときのこの牛肉包み
- 126 … マカロニえびグラタン
- 128 … スパゲティ・トマトソース
- 130 … フライパンローストビーフ
- 132 … ドライカレー
- 134 … ローストチキン　ローズマリー風味
- 136 … ラタトゥイユ
- 138 … マッシュルームとほうれんそうのキッシュ
- 140 … シーザーサラダ
- 141 … クラムチャウダー
- 142 … 白身魚のカルパッチョ
- 143 … にんじんのポタージュ
- 144 … ポテトサラダ
- 145 … ミネストローネ

中華（韓国・エスニック）

- 148 … えびのチリソース
- 150 … だいこんと手羽中の豆板醤煮
- 152 … 焼きぎょうざ
- 154 … とりのはちみつオーブン焼き
- 156 … ジャージャーめん
- 158 … 青椒肉絲
- 160 … 春巻き
- 162 … 黒酢酢豚
- 164 … ほうれんそうのチャーハン
- 166 … 回鍋肉
- 168 … とり肉とカシューナッツの辛味炒め
- 170 … バンバンジー
- 172 … なすのオイスターソース煮
- 174 … サンラータン
- 176 … チャプチェ
- 178 … チヂミ
- 180 … ビビンバ
- 182 … 生春巻き
- 184 … 中華風即席漬け
- 185 … トマトと卵のスープ
- 186 … やわらか青菜のにんにくソース

- 187 … ベターホームのお料理教室で実践している、**キッチンの衛生管理と調理の基本**

●フライパン
特に指定がなければ、フッ素樹脂加工のフライパンを使います。ただし、フッ素樹脂は高温に弱いため、強火で長時間熱しないようにしましょう。鉄製のフライパンを使う場合は、ひく油の量を倍にしてください。

●グリル
片面焼きグリルを使い、予熱の要・不要は取扱説明書に従います。両面グリルの場合は、途中で返す必要はありません。また、加熱時間はようすをみながら、やや短くしてください。

●だし
けずりかつおでとっただしを使います。市販のだしの素の場合は、表示どおりに水で溶かして使い、塩分は控えめにします。

●スープの素
「固形スープの素」と「スープの素（顆粒または粉状）」を使います。「固形スープの素」も、けずれば顆粒と同様に使えます。ビーフやチキンなど、味は好みで。「中華スープの素」は「チキンスープの素」で代用可。

ベターホームの先生たちが選ぶ、
お料理教室の人気メニュー BEST10

ベターホームのお料理教室では、
和洋中のありとあらゆる家庭料理が習えます。
中でも、ひときわ人気なのが、この10品。

選んだのはベターホームの先生たち。
主婦業と料理教室を一生懸命こなす毎日の中で、
「これはいい！」と思った料理を、アンケートした結果です。

毎日役立つ「かんたん、おいしい」料理から、
おもてなしや、持ち寄りパーティで、ちょっと自慢できる料理まで、
10品すべて、ベターホームが誇る珠玉のレシピばかりです。

No.1 豚の角煮

「豚の角煮を作りたくて、この講習会に申し込んだ」という人がいるほど人気のメニュー。
ベターホームのレシピは、圧力鍋を使ったりしなくても、
ちゃんとやわらかく、ちゃんと中まで味がしみこみ、それでいてあっさりしているのが特徴です。
だまされたと思って、ぜひ一度このとおりに作ってみてください。

ベターホームの先生たちに
人気の理由

「子どもから大人までよろこんでもらえる。4人分ではたりないので、いつも倍量作ります」
「離れて暮らす息子に送ると、この品が入っている時には、最速でありがとうメールが入ります」
「豚ばら肉の脂がほどよく抜け、ごはんにぴったり。わが家ではゆで卵を一緒に煮ます」

材料　　　　　　　　　4人分

豚ばら肉（かたまり）	600g
おから	50g
A　水	600㎖
酒	50㎖
砂糖	大さじ3
しょうが	大1かけ（15g）
ねぎ（緑の部分）	10㎝
しょうゆ	大さじ3
ねぎ（白い部分）	10㎝
練りがらし	適量

作り方　　　　1人分 536kcal　調理時間 160分

① 肉は丸ごと、または鍋に入る長さに切り、大きめの鍋に入れる。おからとたっぷりの水を加えて火にかけ、落としぶたをし（鍋のふたはしない）、中火で60～90分ゆでる。途中、湯が少なくなったらたし、肉がゆで汁から出ないようにする。

② しょうがは、皮をつけたまま薄切りにする。

③ ❶の肉をとり出して水で洗い、3～4㎝角に切る。鍋を洗って肉を戻し、Aを加える。落としぶたをし、ふたを少しずらしてのせて、火にかける。沸騰したら弱めの中火にし、約15分煮る。

④ しょうゆを加え、時々煮汁をかけながらさらに45分ほど煮る。煮汁が少なくなったら、火を止める。

⑤ 白いねぎは長さを半分にし、中心にある芯を除いて、せん切りにする。水にさらして、水気をきる（白髪ねぎ）。

⑥ 器に肉を盛り、煮汁をかける。白髪ねぎをのせ、練りがらしを添える。

ばら肉を角煮に使うのは、脂身が多くコクがあり、煮こむことでとろけるようにやわらかくなるからです。
初めにおからを加えてゆでると、おからが余分な脂を吸って、あっさりと仕上がります。または、濃いめの米のとぎ汁を使っても、かなり脂を除くことができます。

肉のゆで汁を捨てるときは、シンクに直接ではなく、万能こし器にペーパータオルを敷き、そこに流しましょう。ペーパーにおからと一緒に脂も残り、環境にも配慮できます。

先に砂糖を加えて煮て、あとから時間差でしょうゆを加えると、肉の中心まで甘味がよくしみこみ、やわらかく煮えます。

No.2 ビーフストロガノフ

「カレーやシチューはよく作るけれど、ビーフストロガノフは作ったことがない」という人が多いようです。
名前の印象から凝った料理を想像しますが、実は材料もシンプルで、
特に忙しい人にとっては「覚えて損なし」のひと品。
牛肉は切り落としなど、安い部位でかまいません。

ベターホームの先生たちに
人気の理由

「手早く作れるので、夜の料理教室を担当するときなど、家をあけるときの定番メニューです」
「鍋ひとつで手軽にできる。子どもにとってはこれが"わが家の味"なのだそうです」
「これまで何十回と作りましたが、いつまでも家族からのリクエストがある料理です」

材料　2人分

牛薄切り肉（肩ロース・切り落としなど）	150g
塩	小さじ ⅛
こしょう	少々
薄力粉	大さじ 1
たまねぎ	¾ 個（150g）
にんにく	小 1 片（5g）
マッシュルーム	½ パック（50g）
バター	15g
A［ 水	200mℓ
スープの素	小さじ ½
ローリエ ］	1 枚
ドミグラスソース	大さじ 3
塩・こしょう	各少々
B*［ 生クリーム	大さじ 3
レモン汁 ］	小さじ 1
温かいごはん	300g

＊ Bはサワークリーム大さじ2で代用するか、省略してもよい。

作り方

1人分 **661** kcal ｜ 調理時間 **40** 分

① たまねぎは薄切り、にんにくはみじん切り、マッシュルームは石づきをとって、5㎜厚さに切る。

② 牛肉は 3〜4cm 幅に切る。塩小さじ ⅛、こしょう少々で下味をつける。

③ 厚手の鍋にバターを温め、たまねぎとにんにくを入れて、薄く色がつくまで強火で 7〜8 分炒める。

④ 牛肉に薄力粉をまぶして❸の鍋に加えて、中火で炒める。肉の色が変わったら、マッシュルームを加えて、軽く炒める。

⑤ Aを加えてまんべんなく混ぜて強火にし、沸騰したらアクをとる。弱火にし、ふたを少しずらしてのせ、10 分ほど煮る。

⑥ ドミグラスソースを加え、さらに 10 分ほど煮る（こげないよう、途中で 2〜3 回混ぜる）。ローリエをとり出し、塩・こしょう各少々で味をととのえる。

⑦ Bは合わせる。器にごはんと❻を盛り、Bをかける。

コツ

牛肉は切ったあと少しほぐしておくと、下味や、あとからつける薄力粉がまぶしやすくなります。

たまねぎはある程度強めの火で炒めないと、甘味やうま味が出るのに時間がかかります。こげそうになったら弱火にするか、鍋をいったん火からはずします。さらにぬれぶきんの上に置いて温度を下げ、こげそうなところをこそげ落としてから、再度火にかけるといいですよ。

No.3 親子丼

とろーり卵が身上の親子丼は、＜ベターホームの和食基本技術の会＞でも大人気。
予想以上の「ふんわり＆とろとろ」のできばえに、親子丼の実習のあとは
親子鍋を購入する受講生で、ショップがとてもにぎわいます。
親子鍋がなければ、フライパンなどで2人分まとめて作ってもよいでしょう。

ベターホームの先生たちに人気の理由

「スピードメニュー。忙しいときに大助かりです。半熟のとろとろ感がたまりません」
「夕飯を家族に頼むとき、最後の卵とじさえ覚えてもらえば、ふっくら温かいひと品を食べてもらえます」
「豚肉で他人丼にしたり、かつ丼にしたりと、アレンジ自在。とり肉の代わりに麩でもおいしいですよ」

材料　　2人分

とりもも肉	100g
A［酒	小さじ1
塩	少々
たまねぎ	½個（100g）
三つ葉	4本（約10g）
卵	2個
温かいごはん	300g

B［だし	80㎖
砂糖	小さじ1
しょうゆ	大さじ1
みりん	大さじ1
酒	大さじ½

作り方　　1人分 454kcal ｜ 調理時間 15分

① たまねぎは3〜4㎜幅の薄切りにする。三つ葉は葉をつみ、茎は3㎝長さに切る。

② とり肉はひと口大のそぎ切りにし、Aで下味をつける。

③ 卵は1個ずつ割りほぐす。Bは合わせる。ごはんを丼に盛る。

④ 親子鍋にB、たまねぎ、とり肉を半量ずつ順に入れ、中火にかける。とり肉に火が通って煮汁が半量くらいになったら、半量の三つ葉の茎を入れる。

⑤ 卵を菜箸にそわせながら、中央から外側に向かって回し入れる。鍋を軽く回しながら、卵が半熟になるまで加熱する。

⑥ 丼のごはんの上に、すべらせるようにして盛りつける。半量の三つ葉の葉を散らし、丼のふたをして蒸らす（丼のふたがなければ、親子鍋のふたを使うとよい）。同様にもうひとつ作る。

コツ

丼のときのごはんは、少しかために炊くとよいでしょう。米1合（180㎖・150g）に対し水180〜200㎖がめやすです。具をのせてもベチャッとせず、最後までおいしく食べられますよ。

たまねぎの上にとり肉をのせると、鍋底に肉がくっつきません。

卵を加えるときは、火の通りにくい中央から外側へと、渦を巻くように流すと、全体に均一に火が入ります。

No. 4 高野どうふの揚げ煮

ベスト10の集計のためにアンケートをとった際、
華やかだったり、ボリュームのある料理が多い中で、思いがけず票を集めたのがこの料理。
煮もの一辺倒だった高野どうふが、揚げることでまったく違った食感になる意外性が魅力のようです。
体にいいのに、子どもには敬遠されがちな高野どうふも、このレシピなら一気に好物に昇格しますよ。

ベターホームの先生たちに
人気の理由

「高野どうふを揚げるという意外性。メニューにボリュームがないときに作ると家族も満足してくれます」
「高野どうふは常備食材なので、買物に行けないときもOK。野菜もその時々にあるものを使っています」
「ただ煮るだけだと、パサつく感じになる高野どうふ。これはのどごしもよいため、年齢を問わず好評です」

材料　　　2人分

高野どうふ	2個（40g）
かたくり粉	大さじ1
にんじん	40g
菜の花*	½束（100g）
揚げ油	適量
A　だし	200㎖
砂糖	小さじ2
みりん	小さじ2
しょうゆ	小さじ2
塩	少々

＊ほうれんそう、小松菜でも。

作り方　　　1人分 208kcal　調理時間 25分

① 高野どうふは湯でもどす。両手ではさんで押すようにして、水気をしぼる。

② にんじんは2～3㎜厚さの輪切りにし、あれば花型などで抜く。

③ 菜の花を熱湯で1～2分ゆで、水にとって、水気をしぼる。4～5㎝長さに切る。

④ 高野どうふの水気を再度しぼる。1個を4つに切って、かたくり粉をまぶす。

⑤ 揚げ油を170～180℃に熱し、高野どうふをカリッとするまで揚げる。

⑥ 鍋にAと高野どうふとにんじんを入れて火にかけ、ふたをして弱火で10分ほど煮る（途中で1～2回裏返す）。器に盛って、菜の花を添える。

もどすときの湯の温度は50℃前後がめやす。手のひらを入れて、すぐ出したくなる程度です。高野どうふを指でつまんでみて、芯が残っていなければ、もどっています。もどし時間は商品によって異なるので、表示を確認してください。

高野どうふの水分が多いと、かたくり粉が落ちやすくなり、油がはねる原因にもなります。粉をつける直前に、高野どうふがつぶれない程度の強さで再度しぼりましょう。

No. 5 麻婆豆腐(マーボーどうふ)

メイン食材はとうふとひき肉、どちらも安あがりなので、家計の強い味方。
市販の素ではなく手作りすれば、さらに節約できるうえ、おいしさもアップします。
とうふの代わりに、春雨や素揚げしたなすを使えば、おなじみの麻婆春雨や麻婆茄子(なす)になります。

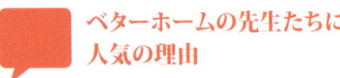

ベターホームの先生たちに
人気の理由

「とにかくかんたん。いつでも家にある材料でできます。献立に困ったときは麻婆豆腐というほどです」
「まず味がよいこと。家で作るならレトルトで、と思っている人に、ぜひ伝えていきたい」
「小6の娘が初めてひとりで作った料理。今では彼女のいちばんの得意料理です」

材料　2人分

- とうふ（木綿）……… 1丁（300g）
- 豚ひき肉 ……… 100g
- にんにく ……… 小1片（5g）
- しょうが ……… 小1かけ（5g）
- ねぎ ……… ½本
- 豆板醤（トーバンジャン） ……… 小さじ½〜1
- サラダ油 ……… 大さじ½

A
- 甜麺醤（テンメンジャン）* ……… 大さじ1
- しょうゆ ……… 大さじ1
- 酒 ……… 大さじ1
- スープの素 ……… 小さじ½
- かたくり粉 ……… 大さじ½
- 水 ……… 150mℓ

- ごま油 ……… 大さじ½

＊甜麺醤がない場合は、＜みそ（あれば赤みそ）大さじ1＋砂糖大さじ½＞で代用できる。

作り方　1人分 329kcal ｜ 調理時間 20分

① にんにくはみじん切りにする。しょうがは皮ごとみじん切りにする。ねぎはあらみじんに切る。

② とうふは1.5cm角に切る。鍋に湯を沸かし、とうふを入れる。ひと煮立ちしたら火を止め、ざるにとる。

③ Aを上から順番に合わせる。

④ 大きめのフライパンにサラダ油を温め、にんにくとしょうがを弱火で炒める。

⑤ 香りが出たらひき肉を入れ、中火でほぐしながら炒める。肉の色が変わったら豆板醤を加えて、肉がパラパラになるまで炒める。Aを再度混ぜてから加える。大きく混ぜながらとろみが出てきたら、ねぎととうふを加えて、くずさないように混ぜながら、1分ほど煮る。

⑥ ごま油を加えて、火を止める。

とうふはゆでて表面をかため、中の水分をとると、炒めたときにくずれにくくなります。ゆでる代わりに、とうふをペーパータオルでくるんで耐熱皿にのせ、電子レンジで2分ほど加熱してもよいでしょう。

ひき肉はパラパラになり、軽く焼き色がつく程度まで炒めると、肉のくさみが抜けます。

No.6 れんこん蒸し

高級店で食べる懐石料理と見まがうほど、繊細で美しい料理。
これがなんと電子レンジで作れてしまうのですから驚きです。
しかも、コツらしいコツもなく、失敗するほうが難しいくらい、かんたんに作れます。
見た目を裏切らない品のいい味は、誰からもよろこばれるため、おもてなしのときにも重宝です。

ベターホームの先生たちに人気の理由

「お年寄りにはれんこんの煮ものは食べにくいようですが、この料理はすってあるため、とても食べやすい」
「うす味で消化がいいので、風邪気味だったり、体調が悪いときにもおすすめです」
「中身の具はその日に応じて。うなぎ、あなご、ぎんなんなども、よく合います」

材料　　　2人分

れんこん	130g
粉末やまいも*	½袋（5g）
塩	少々
えび（無頭・殻つき）	2尾（約30g）
A　酒	小さじ½
塩	少々
しいたけ	2個
三つ葉	4本（約10g）

＜くずあん＞

B　だし	100㎖
うすくちしょうゆ	小さじ1
みりん	小さじ½
かたくり粉	小さじ1
水	大さじ½
練りわさび	少々

＊すりおろしたやまといもをフリーズドライ加工したもの。＜すりおろしたやまといも20g＞で代用できる。

作り方　　　1人分 79kcal ｜ 調理時間 25分

① えびは殻と背わたをとり、2〜3つに切る。Aで下味をつける。

② しいたけは石づきをとり、かさと軸をそれぞれ薄切りにする。三つ葉は2本ずつ束にして、葉のほうをひと結びにして飾り用にし、余った茎は2cm長さに切る。

③ れんこんは皮をむき、水にさらして、すりおろす。水気が多ければ、ざるにとって水気をきる。

④ れんこんをボールに入れ、粉末やまいも、塩少々を加えて混ぜる。えび、しいたけ、飾り用以外の三つ葉を混ぜて2等分する。それぞれラップに包み、口をしっかりねじる。

⑤ ❹をやや深さのある器にそれぞれ入れて、電子レンジで約2分30秒（500Ｗ）加熱する。

⑥ ＜くずあんを作る＞小鍋にBを合わせ、中火にかける。煮立ったら、水どきかたくり粉を加えて、とろみをつける。

⑦ ❺のラップをはずし、器に盛る。くずあんをはって、練りわさびと飾り用の三つ葉を添える。

れんこんは穴があるので、すりおろしにくいかもしれません。あれば、クッキングカッターですりおろすとよいでしょう。

おもてなしなら、ここまで作り、ラップをつけたまま冷蔵庫に入れておきます。食べる直前にレンジで加熱しましょう。

No. 7　中華ちまき

家庭料理というには、ちょっと違和感がありますが、
ベターホームの先生たちや受講生の間での人気は抜群。
おいしいうえに、持ち運びに便利な点が、とりわけウケているようです。
時間と手間は少々かかりますが、家族や友だちがよろこんでくれる顔を見れば、苦労も吹き飛ぶというもの。

ベターホームの先生たちに
人気の理由

「毎年50個近く作り、暮れに知人たちに送っています。お正月や忙しいときに便利」
「アツアツのちまきは最高のごちそう。お客様にも大好評で、株が上がりました」
「冷凍保存ができ、電子レンジで温められるのがいい。息子たちの成長期には常に冷凍庫にありました」

材料　8個分

もち米 … 米用カップ2（360㎖・300g）	竹の皮 …………………………… 8枚
干ししいたけ ……………………… 4個	＜スープ＞
水 ……………………………… 100㎖	スープの素 ……………………… 小さじ1
にんじん …………………………… 40g	オイスターソース ……………… 大さじ1
ゆでたけのこ ……………………… 80g	しょうゆ・酒 ………………… 各大さじ1
焼き豚（かたまり） ……………… 80g	しいたけのもどし汁 ……………… 大さじ3
甘栗（皮がむいてあるもの）* …… 8個	水 ………………………………… 100㎖
サラダ油 ………………………… 大さじ1	

＊ぎんなん（缶詰）やうずら卵（水煮。冷凍はできなくなる）でも。

作り方　1個分 188 kcal ｜ 調理時間（もち米の浸水・しいたけをもどす時間は除く）70分

① もち米は洗い、たっぷりの水に1時間以上つける。ざるにあげ、水気をきる。竹の皮は水に20分以上つけ、やわらかくする。

② 干ししいたけは水100㎖で30分以上もどす（もどし汁大さじ3はとりおく）。軸をとり、1㎝角に切る。

③ にんじん、たけのこ、焼き豚は、それぞれ1㎝角に切る。スープの材料は合わせる。

④ 大きめのフライパンに油を温め、にんじん、たけのこ、しいたけを強火で炒める。焼き豚を加えてさらに炒め、もち米を加えて1〜2分炒める。

⑤ スープを加え、混ぜながら、中火で汁気がなくなるまで煮る。8等分する。

⑥ 竹の皮の水気をふく。1枚の皮の両側をそれぞれ約1㎝幅ほど裂いてひもをとり、結んで1本につなぐ。竹の皮に❺をのせ、甘栗を1個ずつ加えて包む（右図参照）。同様に計8個作る。蒸気の立った蒸し器に入れ、ふたをして強火で約30分蒸す。

※竹の皮を使わずに、1個ずつアルミホイルに包んでも作れる（温め直す際、電子レンジは使用不可）。火の通りがいいように平らに包み、竹串で数か所穴をあける。
※できあがったものは冷凍保存が可能。凍ったまま蒸し器で10分（またはレンジで1個につき2〜3分）ほど加熱する。

〈ちまきの包み方〉

1. 竹の皮を端から三角形になるように折り、折り目をつける。

2. 三角形の袋の中に、❺と甘栗を詰める。

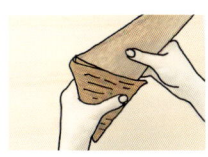
3. 折り目に沿って何回か折る。

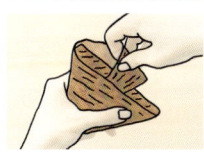
4. 端を差しこむ。

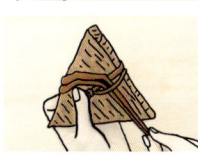
5. ひもの結び目のところを輪にし、ひもの先端をくぐらせる。

6. 裏返して、ひもを1本だけくぐらせ、折り返して表に返す。

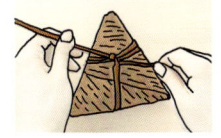
7. 中心で結ぶ。

No.8 だし巻き卵

「シンプルな料理ほど奥が深い」とよくいわれますが、だし巻き卵もまさにそう。
なんとなく作れてしまう料理だからこそ、料理教室でしっかり学ぶことで、味に差がつきます。
銅製の卵焼き器は値が張りますが、焼きムラが出にくく、仕上がりはふっくら。
「一生モノ」として持っておきたい道具です。

ベターホームの先生たちに
人気の理由

「お弁当に欠かせません。子どもは『今日もだし巻き卵、入ってる?』と確認するほど大好きです」
「卵焼き器で作るだし巻き卵は『きちんと』感が出るので、このよそゆきな雰囲気が家族によろこばれます」
「アツアツでも、さめてもおいしい。持ち寄りパーティなどに持参すると、すぐになくなります」

材料　　15cm角の卵焼き器1本分

卵	3個
だし	大さじ3
A* ┌ 砂糖	大さじ1
│ みりん	大さじ½
└ うすくちしょうゆ**	小さじ½
サラダ油	適量

＜染めおろし＞

だいこんおろし・しょうゆ …… 各適量

＊関西風にしたいときは、Aを＜みりん小さじ1、うすくちしょうゆ小さじ½、塩少々＞に変える。
＊＊うすくちしょうゆがなければ、＜ふつうのしょうゆ・塩各少々＞で代用する。

作り方　　（2人分として）1人分 **145**kcal ｜ 調理時間 **15**分

① だしにAを加え、砂糖を溶かすように混ぜる。

② 卵は割りほぐす。❶を加えて混ぜ、こす。

卵液をこすと、全体が均一になり、なめらかなだし巻き卵になります。

③ 卵焼き器に油大さじ2程度を入れて流し、弱火で2〜3分温める。油をあけ、残った油をペーパータオルでふきとる。

銅製の卵焼き器は、初めに油を入れ、一度卵焼き器を温めることで（油ならし）、鍋肌に油の膜ができて、卵液がくっつきにくくなります。

④ 再び卵焼き器を中火にかける。❷の卵液を菜箸で1滴落とし、ジューッと音がして固まるくらい熱くなったら、卵焼き器におたま1杯分の卵液を入れ、平均に流す。半熟状になったら、向こう側から手前に3〜4つ折りにする（a）。

卵焼き器の温度が高すぎるとこげてしまいますが、低すぎると水っぽく固まり、上手に焼きあがりません。焼き始めには、必ず試しに卵液を1滴落としてみましょう。

⑤ 卵焼き器のあいたところに、ペーパーでごく薄く油を塗る。焼いた卵を向こう側にすべらせ、手前のあいたところにも油を薄く塗る。

⑥ 卵液を再びおたま1杯分流す。❺の卵を持ち上げ、卵の下にも卵液が流れるようにする（b）。半熟状になったら、手前に巻く。

⑦ ❺、❻をくり返す。巻きすだれにとり、形を整える（c）。あら熱がとれたら、切り分ける。

⑧ 器にだし巻き卵を盛りつける。だいこんおろしを山形に整え、右手前に盛る。しょうゆをかけ、染めおろしにする。

（a）

（b）

（c）

No.9 かにしゅうまい

ベターホームの先生たちの間での人気だけでなく、
＜洋食・中華おかずの基本＞の受講生へのアンケートでは、常にナンバーワンになる料理。
ぎょうざと違い、しゅうまいはあまり自宅で作らない方が多いとみえて、
「こんなにかんたんにおいしくできるなんて！」と、みなさん驚かれます。

ベターホームの先生たちに
人気の理由

「さっぱりとして、いくつでも食べられる。横浜の有名店にまさる味です」
「もう冷凍のしゅうまいは食べられません。かにの代わりにほたて缶でもおいしいですよ」
「数あるしゅうまいレシピの中で、いちばんおいしい。家族みんなのお気に入りです」

材料　24個分

豚ひき肉 　250g	しょうが 　大1かけ（15g）	しゅうまいの皮 　1袋（24枚）
かに（缶詰） 　大½缶（70g）	A［砂糖 　大さじ½	クッキングシート 　適宜
塩 　小さじ¼	しょうゆ 　大さじ½	［練りがらし 　小さじ1
こしょう 　少々	酒 　大さじ1	しょうゆ 　適量
干ししいたけ 　3個	しいたけのもどし汁 　大さじ1	
たまねぎ 　80g	かに缶詰の汁 　大さじ½	
かたくり粉 　大さじ2	ごま油 　大さじ1	

作り方　（4人分として）1人分 268 kcal ｜ 調理時間（しいたけをもどす時間は除く） 35 分

① 干ししいたけは、ひたひたの水で30分以上もどし、水気をしぼる（もどし汁大さじ1はとりおく）。軸をとり、みじん切りにする。

② かには軟骨があればとり除いて、軽くほぐす。飾り用に約¼量をとり分ける。缶汁大さじ½はとりおく。

③ たまねぎはみじん切りにし、かたくり粉をまぶす。

> 先にたまねぎにかたくり粉をまぶすことで、水分やうま味をとじこめるとともに、あとでたねを混ぜたときにつなぎとなり、まとまりやすくなります。

④ しょうがは皮ごとすりおろし、汁をしぼる。

⑤ ボールにひき肉、ほぐしたかに、塩、こしょうを入れ、よく混ぜる。A、しいたけ、③、④のしょうが汁を加え、ねばりが出るまでよく混ぜる。

> ねばりが出るまで混ぜることで、食感に弾力が出ます。また、保水力も高まるため、ジューシーに蒸しあがります。

⑥ たねを24等分して、しゅうまいの皮で包み（下記参照）、飾り用のかにをのせる。

> 等分にするときは、たねをトレーに入れて平らにしてから、皮の枚数に合わせて線を入れるとよいでしょう。たねが残ることもなく、大きさも均一にそろいます。

⑦ 蒸し器の中敷にクッキングシートを敷き、しゅうまいを間隔をあけて並べる。蒸気の立った蒸し器にのせ、ふたをして強火で約12分蒸す。器に盛り、からしじょうゆを添える。

> 蒸したしゅうまいは、冷凍保存できます。くっつかないよう、トレーに間隔をあけて並べて凍らせてから、保存袋に入れましょう。

〈しゅうまいの包み方〉

手を軽くにぎり、親指とひとさし指で輪を作って、皮をのせる。皮の中央に1個分のたねをのせ（a）、上から押すようにして包む。筒形に整える（b・蒸すと縮むので、少し高めに整えるとよい）。

(a) 　(b)

No. 10 とりの照り焼き丼

かんたんで、おなかいっぱいになる丼ものは、忙しいときの強い味方。
とり肉と卵がメインなので、これも一風変わった親子丼といったところでしょうか。
お好みできのこやししとうなどの野菜類を加えてもよいでしょう。
そうすれば、栄養バランスもよくなり、副菜もいらないほどです。

**ベターホームの先生たちに
人気の理由**

「丼にせず別々にして、おかずとして食べてもいいですよ。お弁当に、夕飯にと、大活躍です」
「安あがりごはんの定番です。自立したひとり暮らしの息子も作っているとのこと」
「とり肉を焼きつけたあと、たれで少々煮るので、生焼けの心配がありません」

材料　2人分

とりもも肉	小1枚（200g）
A 塩	小さじ⅛
酒	大さじ½
ねぎ	½本
サラダ油	小さじ1
B 砂糖	大さじ1
みりん	大さじ1
しょうゆ	大さじ1½
水	大さじ2
卵	1個
焼きのり	½枚
粉ざんしょう	少々
温かいごはん	300g

作り方　1人分 538 kcal ｜ 調理時間（卵を室温にもどす時間は除く）25分

① 卵は室温にもどす。鍋に卵とかぶるくらいの水を入れ、強火にかける。沸騰するまで、卵を時々転がす。沸騰したら弱火にし、5〜6分ゆでて水にとる。

② ねぎは3〜4cm長さに切る。肉はAで下味をつける。Bは合わせておく。

③ フライパンに油を温め、肉の皮を下にして入れる。中火で焼き、焼き色がついたら裏返す。ふたをして、弱火でさらに3〜4分焼く。

④ 肉を端に寄せ、フライパンの脂をペーパータオルでふきとる。フライパンのあいたところにサラダ油少々（材料外）を温め、ねぎを加えて焼き色をつける。

⑤ いったん火を止め、Bのたれを加える。再び中火にかけ、ふたをして約2分煮る。ふたをとって火を強め、肉とねぎにたれをからめながら照りを出し、とり出す。

⑥ ゆで卵は殻をむき、半分に切る。照り焼きのあら熱がとれたら、1.5cm幅のそぎ切りにする。

⑦ 丼にごはんを盛り、フライパンに残ったたれを半量かけて、のりをちぎってのせる。照り焼き、ねぎ、卵を盛り、残りのたれをかける。好みで粉ざんしょうをふる。

コツ

冷蔵庫から出したての冷たい卵だと、ゆでる途中で殻にひびが入ることがあるので、室温にもどしておきましょう。初めのうちは、菜箸で転がしながらゆでると、黄身がきれいに真ん中にきますよ。

はねるので、煮汁を加えるときは、いったん火を止めましょう。
とり肉は厚みがあるので、生焼けになりがち。厚い部分に竹串を刺してみて、肉汁が透明なら、火が通っています。

アツアツの状態でとり肉を切ろうとすると、皮がはがれやすく、せっかくの肉汁が全部出てしまいます。なお、とり肉は、生なら皮が下、加熱後なら皮を上にして切ると、皮がはがれにくくなります。

和食

家庭料理といえば、何といってもまずは和食。
旬を大切にし、素材の味を最大限にいかした和食のおいしさは、
世界中のどんな料理にも負けません。
台所から漂うおみその香りと、ツヤツヤ光る白いごはん…、
この幸せに優るものなしです。

「料理を習うなら、まずは和食」ということで、
ベターホームのお料理教室でも、実習メニューの約半分は和食。
「だし巻き卵がふっくら焼けた」「生まれて初めて魚をおろせた」
…などなど、こんな感嘆の声が、
あちこちの教室から、毎日のように聞こえてきます。

和食がおいしく作れたら、
料理上手と一目置かれること間違いありません。
さぁ、おいしい和食を作りましょう。

肉じゃが

家庭料理といえば、真っ先に思いつくのが肉じゃがではないでしょうか。
出身地や家庭によって、入れる具や味つけもさまざま。
みそ汁に次いで、個人の好みやこだわりが出る料理かもしれません。
ここではごくごくシンプルなレシピにしました。
見た目はちょっと地味ですが、「ああ、こういう肉じゃがが食べたかったの！」と
万人からよろこばれる味です。
栄養バランス、いろどりを考えて、にんじんやいんげん、しらたきを入れてもよいでしょう。
また、好みでしょうがの薄切り（1かけ・10g）を加えるのもおすすめ。
ピリッとした独特の風味が、いいアクセントになります。

材料　　　2〜3人分

牛薄切り肉*	200g
じゃがいも**	2〜3個（400g）
たまねぎ	½個（100g）
┌ だし	200㎖
│ 砂糖	大さじ1
A │ 酒	大さじ1
│ みりん	大さじ1
└ しょうゆ	大さじ1½
しょうゆ	大さじ½

* 肩ロース、ばら、切り落としなど、好みの部位を。また、豚肉で作ってもおいしい。関西は牛肉、関東は豚肉で作ることが多い。
** じゃがいもの種類は好みで。「だんしゃく」ならほっこり、「メークイン」なら、ねっとりと仕上がる。ただし、だんしゃくはくずれやすいので、煮すぎないように注意する。

作り方　　（3人分として）1人分 **312** kcal｜調理時間 **20**分

① じゃがいもは皮をむき、4〜5つに切る。水にさらして、水気をきる。たまねぎは2cm幅のくし形に切る。

② 牛肉は4〜5cm長さに切る。

③ 鍋にAを合わせ、じゃがいも、たまねぎ、肉を入れて、中火にかける。肉をほぐしながら加熱し、沸騰したらアクをとる。ふたを少しずらしてのせ、じゃがいもがやわらかくなるまで、15分ほど煮る。途中で1、2回上下を返す。

肉をほぐしながら加熱すると、肉がだんご状になりません。じゃがいもは火が通りやすいので、中火で煮ましょう。弱火で長時間煮ると、煮くずれしやすくなります。

④ 仕上げにしょうゆ大さじ½を入れて、火を止める。

しょうゆの一部は仕上げに加えると、しょうゆのいい香りが残ります。面倒ならAのしょうゆを大さじ2にして、③で一度に加えてもかまいません。

さばのみそ煮

定食屋さんなどで、よく見かけるメニュー。
おふくろの味を思い出させてくれるのが、人気の理由でしょうか。
さばには独特のくさみがありますが、
みそのコクと、仕上げに加えるしょうが汁がうまく調和し、
そのくさみすらも、うま味に変わるから不思議。
さばの骨は太くてかたく、小骨もあるので、
「骨に気をつけて食べてね」とひと言添えましょう。

材料　　2人分

さば		2切れ（200g）
A	酒	50㎖
	砂糖	大さじ1
	みりん	大さじ1
	しょうゆ	大さじ½
	水	150㎖
みそ		大さじ1強（20g）
ねぎ		½本
しょうが		1かけ（10g）

作り方

1人分 **283** kcal ｜ 調理時間 **25** 分

① さばは皮に切り目を入れる。

② ねぎは3〜4㎝長さに切る。

③ しょうがは皮ごとすりおろし、汁をしぼる。

④ 鍋にAを入れ、煮立てる。さばの皮を上にして並べ、アクをとりながら中火で2〜3分煮る。

⑤ みそを❹の煮汁で溶き、鍋の中に加える。さばにスプーンで煮汁をかけ、落としぶたをする（鍋のふたはしない）。中火で約10分煮る（途中で1〜2回、煮汁をかける）。

⑥ 落としぶたをとり、ねぎを加えて約5分煮る。❸のしょうが汁を回し入れ、火を止める。

⑦ 器にさばを盛り、ねぎを添える。煮汁をかける。

煮魚は身がくずれやすいので、返さずに盛りつけられるよう、盛りつけたとき上になる面（皮側）を上にして煮ます。

みそを初めから入れると、香りがとんで、ほかの調味料のしみこみも悪くなるので、あとから加えましょう。

かつおのたたき

刺身は高くてなかなか手が出ませんが、
比較的安値で手に入るかつおなら、たっぷり食べられます。
さくで売られているものをそのまま切って食べてもかまいませんが、
やはりかつおはたたきがいちばん。
表面を焼くのは、皮を香ばしくして
くさみを消すためで、ちゃんと意味があるのです。
本来はかつおを直火であぶるものですが、
フライパンで表面をさっと焼くだけにしました。
これなら料理とも呼べないほどかんたんに作れます。

材料　　　　4人分

かつお(たたき用皮つき)	1節(約400g)
塩	小さじ½
サラダ油	少々
レモン汁	大さじ1
にんにく	1片(10g)
しょうが	大1かけ(15g)
だいこん	100g
みょうが	1個
万能ねぎ	2本
しその葉	5枚
しょうゆ・ぽん酢しょうゆなど	各適量

作り方　(春かつおの場合)1人分 127 kcal ｜ 調理時間(かつおを冷やす時間は除く) 15分

① かつおに塩をふり、5分ほどおく。氷水を用意する。

コツ: 塩をふることで、生ぐさみがとれ、下味もつきます。

② フライパンに油を薄く塗り、強めの中火で温める。かつおを入れ、各面を15秒ずつ焼き、薄く焼き色をつける。すぐに氷水に入れて冷やし、すぐに引き上げる。ペーパータオルで水気をふく。

コツ: かつおは表面から2mmくらいが白くなった状態がベスト。余熱で火が通りすぎないよう、すぐに氷水につけること。ただし、長く氷水にさらすと水っぽくなるので、一瞬で引き上げます。

③ ラップの上にかつおを置き、レモン汁を全体になじませる。ラップでくるみ、冷蔵庫に30分ほど入れる。

④ にんにくは薄切りにする。しょうがは皮をこそげて、すりおろす。だいこんはすりおろし、水気をきる。みょうがは薄切りにし、水にさらして、水気をきる。万能ねぎは小口切りにする。

⑤ ラップをとって、かつおを1cm厚さに切って器に盛り、しそと❹を添える。しょうゆやぽん酢をつけて食べる。

アレンジ例：ドレッシングでカルパッチョ風に

③までは同様に作る。6〜7mm厚さに切り、野菜(紫たまねぎの薄切り、スプラウトなど)と一緒に盛る。ぽん酢しょうゆとオリーブ油を1：2の割合で混ぜたものをかける。好みで黒こしょうをふって、レモンをしぼる。

ぶりの照り焼き

照り焼きには「鍋照り」という手法がとられることがあります。
素材を鍋（フライパン）で焼き、そこに直接たれを加えて煮からめる方法です。
鍋照りも手軽でよいのですが、焼き網やグリルで焼き、
たれを何度もはけで塗って…という本来の手法と比べると、
おいしそうなつやが、いまひとつ出ません。
ベターホームのお料理教室でも一時は、
鍋照りでぶりの照り焼きを作っていましたが、元にもどしました。
網からぶりの余分な脂が下に落ちるので、
さっぱりと上品な味に仕上がるというメリットもあります。

材料　　2人分

ぶり* ……………… 2切れ（200g）
A ┌ 砂糖 ……………………… 大さじ1
　├ しょうゆ …………………… 大さじ1
　├ 酒 ………………………… 大さじ1
　└ みりん …………………… 大さじ½

* さわら、さけ、かじきなどでもよい。

＜かぶの甘酢漬け＞
かぶ ………………………………… 1個
　塩 …………………………… 小さじ⅛
B ┌ 砂糖 ……………………… 大さじ½
　├ 酢 ………………………… 大さじ1
　└ 塩 ………………………………… 少々
赤とうがらし …………………………… ½本

作り方　　1人分 264 kcal　｜　調理時間（ぶりに下味をつける時間は除く）20分

① ＜かぶの甘酢漬けを作る＞
　1．かぶは皮をむき、薄切りにする。塩小さじ⅛をふり、5分ほどおく。
　2．とうがらしは水につけてやわらかくし、種をとって、小口切りにする。とうがらしとBを合わせる。
　3．かぶの水気をしぼり、2とあえる。

② Aを合わせ、ぶりを20〜30分つける（途中で時々裏返す）。

③ グリルを予熱し、ぶりの裏面（盛りつけたとき下になる面）を上にして、グリルに入れる。3〜4分焼いて裏返し、表面も3〜4分焼く。

④ ぶりをつけて残ったたれを小鍋に入れ、少し煮つめる。

⑤ ぶりの表面にだけ、煮つめたたれをはけで塗る（a）。塗ったら、グリルに戻してさっと乾かし、これを2〜3回くり返して、つやよく仕上げる。

⑥ 器にぶりを盛り、かぶの甘酢漬けを添える。

> **コツ**
> 切り身は皮のついているほうを向こう側にして器に盛ります。盛りつけるときに返さなくていいよう、まず裏面から焼きましょう。

> ぶりに塗る前に、たれを少し煮つめておくと味が凝縮し、より照りも出ます。

> 「塗っては、焼いて乾かす」を2〜3回くり返すのが、おいしそうな照りを出すコツ。たれは全部塗らなくてもかまいません。

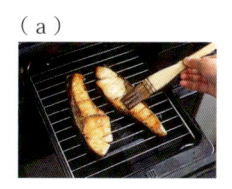

（a）

いわしのかば焼き

昔は庶民の味方だったいわしですが、
このごろはずいぶん値段が上がってしまいました。
でも、時期によっては「おっ」と思うほど安くなっていますから、
そういうときをねらって買いましょう。
「魚をさばく」となると、なんだか腰が引けてしまいますが、
ベターホームの＜お魚基本技術の会＞が常に安定した人気なのは、
「自分でさばけるようになりたい」と思っている人が多い証拠。
いわしなら骨がやわらかく、手でさばけるので、入門編としてもおすすめです。
魚屋さん任せにせず、ぜひ「手開き」に挑戦してみてください。

材料　　　　　　　　2人分

いわし*	中2尾（約200g）
かたくり粉	大さじ1
サラダ油	大さじ1
ししとうがらし	4個
サラダ油	少々
粉ざんしょう	少々

＜たれ＞

砂糖	大さじ1
しょうゆ	大さじ1½
みりん	大さじ1
酒	大さじ½

* さんまでも作れる。その場合は手開きではなく、三枚おろしにしてから同様に調理する。

作り方　　　　1人分 **183** kcal ｜ 調理時間 **20** 分

① ＜いわしを手開きにする＞
  1. いわしは洗い、うろこを包丁で軽くこそげる。胸びれの下に包丁を入れ、頭を切り落とす（a）。
  2. 腹を腹びれの下まで切り落とす（b）。
  3. はらわたを出す（c）。腹の中を流水で洗い、ペーパータオルで水気をふく。
  4. 中骨の上に親指を入れ、骨にそって指をすべらせて身を開く（d・手開き）。
  5. 尾の近くで中骨を折り、片手で身を押さえながら、頭のほうに向かって、中骨をはずす（e）。
  6. 腹骨を包丁でそぎとる（f）。
  7. 背びれは包丁の刃先で押さえ、尾を引きながらはがし、切りとる（g）。

② ししとうは軸を切り落とし、炒めたときはじけないよう、切りこみを1本入れる。たれの材料は合わせる。

③ いわしにかたくり粉をまぶし、余分な粉は落とす。

④ フライパンに油少々を熱し、ししとうをさっと炒めてとり出す。続けて油大さじ1をたし、フライパンを強めの中火で温めて、いわしの皮を上にして入れる。中火で2～3分焼き、焼き色がついたら裏返す。さらに2分ほど焼き、とり出す。フライパンの油をふきとる。

⑤ フライパンにたれを入れて中火にかけ、少しとろみをつける。いわしを戻し入れ、スプーンでたれをかけてからめる。器にいわしを皮を下にして盛り、残ったたれをかけ、粉ざんしょうをふる。ししとうを添える。

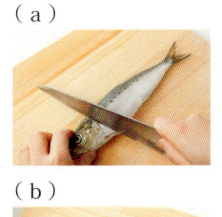

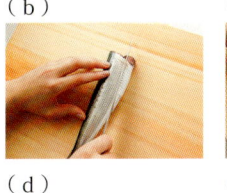

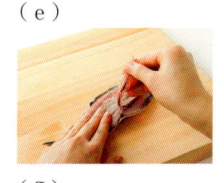

コツ　いわしの皮はたいへん破れやすいのですが、かたくり粉をまぶすと、焼いてもくずれにくくなり、うま味もとじこめられます。

いわしのつみれ汁

冬場になると市販の〝いわしつみれ〟が店頭に並ぶようになります。
ポンと鍋に加えるだけで調理できるので、
これはこれで手間もかからず結構な話。
でも、一度でかまいません、生のいわしからつみれを手作りしてみてください。
ほろりとくずれるような食感と、ほぼいわし100％の混ざり気のない味に、
「市販のつみれとは、まるで別物！」と感激するはず。
いわしの味が引き立つよう、かつおだしではなく、
こんぶだしを使って、魚同士の味がぶつからないようにするのもコツ。
まるで料亭のおすましのような、品のいい汁に仕上がります。

材料　2人分

いわし		中2尾（約200g）
A	みそ	小さじ½
	しょうが	1かけ（10g）
	かたくり粉	大さじ½
だいこん		100g
ねぎ（小口切り）		10cm
	水	400㎖
	こんぶ	5cm角
B	塩	小さじ⅙
	しょうゆ	小さじ½
	酒	大さじ1
七味とうがらし		適量

作り方　1人分 115kcal ｜ 調理時間（こんぶをもどす時間は除く）25分

① 鍋に分量の水とこんぶを合わせ、30分以上おく。

② しょうがは皮ごとすりおろし、汁をしぼる。だいこんは1cm幅、2mm厚さのたんざく切りにする。

③ いわしを手開きにする（P.39参照）。さらに、尾を切りとり、皮をむく。

④ いわしの身を包丁で細かくたたく。ボールに入れ、Aを加えてよく混ぜる。6等分して、丸める（つみれ）。

⑤ ❶の鍋にだいこんを入れて中火にかけ、沸騰する直前にこんぶをとり出す。

⑥ ❺につみれを加えて、アクをとりながら3分ほど煮る（鍋のふたはしない）。Bで調味し、椀に盛る。ねぎをのせ、七味とうがらしをふる。

> **コツ**
> つみれにするので、さばくときにいわしの身が少しくらいくずれても大丈夫。
> 包丁でたたくときは、細かくしすぎると歯ごたえがなく、逆にあらすぎるとまとまりが悪くなります。まず5mm幅くらいに切ってから、包丁の刃元のほうでたたきます。時々、包丁の腹で練り合わせるように全体をこねます。広げたときに、ところどころ粒状の身が見えるくらいがベスト。

切り身魚の煮つけ

特に若い方は、魚を使った料理というだけで、
尻ごみしてしまう人も多いようです。
でも、切り身の魚なら、さばく必要もなく、難しいことは一切ありません。
「魚は体にいいから、もっと食べなくちゃ!」と思っている人は、
こんなシンプルな魚料理からバリエーションを広げてみてください。
煮つけはなんとなく年配の方向きの料理という感じがしますが、
濃いめの甘じょっぱい味は白いごはんとの相性も抜群。
「あれっ、こんなにおいしいものだっけ?」と、
魅力を再確認できるはずです。

材料　　　　　2人分

切り身魚*	2切れ（200g）
A　砂糖	大さじ1
酒	大さじ2
みりん	大さじ2
しょうゆ	大さじ1
水	100mℓ
ごぼう	50g
木の芽（あれば）	2枚

＊きんめだい、ぎんだら、ぎんむつなど。

作り方　　　1人分 **243** kcal　｜　調理時間 **20** 分

① ごぼうは皮をこそげ、4～5㎝長さの乱切りにする。水にさらして、水気をきる。

② 魚の皮に切り目を入れる。

③ 鍋にAを合わせて煮立てる。皮を上にして魚を入れ、ごぼうも加える。

④ 再度沸騰したらアクをとり、スプーンで皮に煮汁をかけてから、落としぶたをする（鍋のふたはしない）。中火で約10分、時々魚に煮汁をかけながら、煮汁が少し残る程度まで煮る。器に盛り、木の芽をのせる。

コツ

皮の面積が広い切り身魚の場合は、切り目を入れると、皮が破れにくくなり、味がよくしみます。

必ず煮汁が沸騰した状態で魚を入れましょう。こうすると煮くずれしにくく、うま味も逃げません。

魚の生ぐさみがこもらないよう、鍋のふたはせずに、落としぶたで煮るのがコツ。煮つけは形がくずれやすいので、最後まで上下を返さずに煮ます。さらに、煮あがってすぐは形がくずれやすいので、あら熱がとれてから器に移すようにしましょう。

ぶりだいこん

ぶりとだいこんが両方おいしくなる真冬に作りたい料理。
脂ののったぶりと、ツヤツヤとあめ色に煮えただいこんが、
見るからに食欲をそそります。
晩酌にも最適なので、これと熱燗があれば、
もうそれだけで満足できそうです。
ぶりは切り身でなく、あらを使うのもおすすめ。
あらとはいっても、食べるところは案外たくさんありますし、
切り身より安く、骨からもうま味がよく出ます。
あらの場合は切り身よりもくさみが強いので、
"霜降り"の前に塩少々をふって、しばらくおくとよいでしょう。

材料　　　　　　　　　4人分

ぶり（切り身）	4切れ（400g）
だいこん	500g
しょうが	大1かけ（15g）
こんぶ	5cm長さ
水	500ml
砂糖	大さじ1
酒	大さじ2
A みりん	大さじ2
しょうゆ	大さじ2

作り方

1人分 **270** kcal ｜ 調理時間 **75** 分

① 鍋にこんぶと分量の水を入れ、10分ほどつけおく。こんぶがしんなりしたらとり出し、1.5×3cm角に切って鍋に戻す。しょうがは皮をつけたまま、薄切りにする。

② だいこんは2cm厚さの輪切りにして、皮をむく。片面に十文字にかくし包丁を入れ、大きければ半分に切る。

> **コツ**
> かくし包丁（P. 63参照）を入れると、火が通りやすく、味のしみこみもよくなります。

③ ❶の鍋にだいこんを入れ、落としぶたをして強火にかける。沸騰したら弱めの中火にし、だいこんが透き通るまで、ふたをして10分ほど煮る。

④ ぶりは1切れを3〜4等分する。熱湯に入れ、表面が白くなったら引き上げる。

> 魚の表面が白くなるので"霜降り"といいます。くさみがとれ、あとから煮るときに、うま味が逃げにくくなり、煮くずれもしにくくなります。

⑤ ❸の鍋の落としぶたをとり、ぶりとしょうがを加えて、アクをとる。Aを加えて再度落としぶたをし、ふたを少しずらしてのせる。弱めの中火で約45分、煮汁が少し残る程度まで煮る。

えびの小判焼き

えびのプリプリ感と、れんこんの歯ごたえが楽しいひと品。
おかずとしてはもちろん、レモンをキュッとしぼって、
酒の肴にもよろこばれます。
ここでは焼くだけで食べる手軽なレシピにしましたが、
もうひと手間加えて、椀だねにするのもおすすめ。
煮立てただしの中に静かに入れて浮かんできたら、調味してできあがり。
料亭のような上等の汁ものになります。
えびはむきえびを使ってもよいでしょう。
殻をむく手間がなく、もともとサイズが小さめなので、
包丁でたたくときもラクです。

材料　　　　　　　　2人分

- えび（無頭・殻つき*） ……… 200g
- A
  - 塩 ……………………… 小さじ¼
  - とき卵 …………………… ½個分
  - かたくり粉 ……………… 大さじ½
- れんこん ……………………… 80g
  - かたくり粉 ……………… 大さじ1
- サラダ油 …………………… 大さじ½
- レモン（半分に切る）………… ¼個

*むきえびなら170g。

作り方

1人分 **160** kcal ｜ 調理時間 **25** 分

① えびは殻と背わたをとり、塩水（水200㎖＋塩小さじ1・材料外）で洗う。さらに真水で洗い、水気をペーパータオルでふきとる。少し粒が残る程度まで、包丁でたたく。Aを順に加えて、よく練り混ぜる。

② れんこんは皮をむき、水にさらして、水気をきる。7〜8㎜角に切って、かたくり粉をまぶす。

③ ❶に❷を加えて混ぜ、8等分する。小判形に丸める。

④ フライパンに油を温め、❸を入れて、中火で薄く色づくまで焼く。裏返してふたをし、弱火で3〜4分焼き、中まで火を通す。器に盛り、レモンをしぼって食べる。

コツ

えびは少し粒を残すのがポイント。細かくしすぎると、えび独特のプリプリ感が損なわれてしまいます。

れんこんにかたくり粉をまぶしておくと、それがのりがわりになり、れんこんだけが飛び出してくるのを防げます。

成形するときは、たねが手につかないよう、手のひらを水で軽くぬらしておくとよいでしょう。

豆あじの南蛮漬け

旬の初夏になると、「ひと山いくら」で安く売られる豆あじ。
いちばん適した料理といえば、なんといってもこの南蛮漬けでしょう。
骨ごとバリバリ食べられます。
豆あじを何尾も下ごしらえするのは面倒ですが、
小さい分、パパッとさばけるので、
いったん始めてしまえば、なんてことはありません。
もっと手軽に作るなら、ひと口大に切ったまぐろのさくや、
とりもも肉などを使ってもよいでしょう。
冷蔵庫で3〜4日保存できるので、週末の作りおきにどうぞ。

材料　　　　　　　　　2人分

豆あじ	200g
かたくり粉	大さじ1½
揚げ油	適量
たまねぎ	¼個（50g）
にんじん（4cm長さ）	20g
しょうが	小1かけ（5g）
レモン	¼個

	水	50mℓ
A	砂糖	大さじ1
	しょうゆ	大さじ1½
赤とうがらし		½本
酢		大さじ1½

作り方　　1人分 **189**kcal ｜ 調理時間（味をなじませる時間は除く）**20**分

① たまねぎは繊維と直角に薄切りにする。にんじんはせん切りにする。しょうがは皮をこそげて、せん切りにする。

② とうがらしは水につけてやわらかくし、種をとって、せん切りにする。レモンは薄いいちょう切りにする。

③ 小鍋にAを合わせて火にかけ、沸騰したら火を止める。とうがらしと酢を加える。ボールに移し、❶を加えて混ぜる。

④ 豆あじは、胸びれのつけ根に指を入れ、内臓とえらを引き出してとる（a）。流水で腹の中を洗い、水気をよくふきとる。

⑤ 豆あじにかたくり粉をまぶす。揚げ油を180℃に熱し、豆あじを入れて、カリッとするまで3〜4分揚げる。

⑥ 豆あじが熱いうちに❸につけ、味をなじませる（冷蔵庫で約3日保存できる）。器に盛り、レモンを飾る。

（a）

コツ
熱いうちにつけ汁と合わせることで、より味がなじみます。

筑前煮

とり肉入りでボリュームがあり、根菜類などの体にいい野菜もたっぷり。
こんなおそうざいが日常的に食卓に並べば、
家族の健康管理もばっちりではないでしょうか。
元は筑前博多の郷土料理「がめ煮」のことで、
とり肉を加えて炒め煮にするので、「いりどり(炒り鶏)」とも呼ばれます。
材料が多いため下ごしらえが大変ですが、毎日のおそうざいで作るなら、
無理に材料を買いそろえず、いくつか材料を省いてもよいでしょう。
ただし、とり肉、ごぼう、干ししいたけは味の要になるので、必ず加えてください。

材料　　　　　4人分

とりもも肉 …………… 小1枚（200g）	さやいんげん ……………… 30g
塩 …………………………………… 少々	サラダ油 …………………… 大さじ1
酒 ………………………………… 小さじ2	┌ だし …………………………… 300㎖
ゆでたけのこ …………………… 100g	│ 砂糖 ………………………… 大さじ1
にんじん ……………… ½本（100g）	A　しいたけのもどし汁 …… 大さじ2
れんこん ………………………… 100g	│ 酒 …………………………… 大さじ2
ごぼう ………………… ½本（100g）	└ みりん …………………… 大さじ1½
干ししいたけ ……………………… 4個	しょうゆ ………………… 大さじ1½

作り方　　　1人分 **214** kcal　│　調理時間（しいたけをもどす時間は除く）**40**分

① 干ししいたけは水100㎖（材料外）で30分以上もどす（もどし汁大さじ2はとりおく）。軸をとり、2切れのそぎ切りにする。

② とり肉は3〜4㎝角に切る。塩少々と酒小さじ2をもみこんで下味をつける。

③ たけのこは穂先を4〜5㎝長さの放射状に切る。残りは1㎝厚さのいちょう切りにする。にんじんは乱切りにし、れんこんは1㎝厚さの半月またはいちょう切りにする。ごぼうは皮をこそげ、乱切りにする。れんこんとごぼうは、それぞれ水にさらして、水気をきる。

④ いんげんは筋があればとる。熱湯で2〜3分ゆでて、ざるにとる。3㎝長さに切る。

⑤ 鍋に油を熱し、いんげん以外の野菜としいたけ、とり肉を炒める。肉の色が変わったら、Aを加える。沸騰したらアクをとる。落としぶたと鍋のふたをして、中火で約5分煮る。

⑥ しょうゆを加えて、さらに20分ほど煮る（途中1〜2回混ぜる）。煮汁がほとんどなくなり、つやが出てきたら火を止める。器に盛り、いんげんを散らす。

コツ
先に材料を油で炒めておくことでコクが出ます。お好みでサラダ油をごま油にかえてもよいでしょう。

とり肉の竜田揚げ

「和食の献立は、あっさりしてものたりない」という人でも、
こんなボリュームのあるおかずがひと品入っていれば、
きっと満足なのではないでしょうか。
から揚げの一種ですが、しょうゆやみりんで、
しっかりと味つけをするのが、竜田揚げの特徴のひとつ。
味が濃いめなので、揚げたてはもちろん、さめてもおいしいのが竜田揚げのよさ。
もちろん、お弁当のおかずにも最適です。
しょうゆを下味に使うため、揚げあがりはこんがり。
この色が紅葉に似ていることから、
紅葉の名所である奈良の竜田川にちなんで名づけられたといわれています。

材料　　　　　　　　　2人分

とりもも肉	小1枚（200g）
A しょうゆ	小さじ2
酒	大さじ½
みりん	大さじ½
しょうが	小1かけ（5g）
かたくり粉	大さじ2
揚げ油	適量
＜つけ合わせ＊＞	
ピーマン	1個
さつまいも（細め）	5㎝
塩	少々

＊つけ合わせの野菜は、じゃがいも、にんじん、ししとうなど、好みのもので。

作り方　　　　1人分 376 kcal ｜ 調理時間 30分

① とり肉は皮側を数か所、竹串かフォークで刺して穴をあける。4㎝角くらいのそぎ切りにする。

> **コツ**
> 穴をあけるのは、味のしみこみをよくするのはもちろん、皮が縮むのを防ぐ効果もあります。

② しょうがは皮ごとすりおろし、汁をしぼる。Aは合わせる。とり肉にもみこむようにしてよく混ぜ、15～20分おいて下味をつける。

③ ピーマンはひと口大の乱切りにする。さつまいもは4～5㎜厚さの輪切りにし、水にさらして、水気をふく。

④ とり肉の汁気をふきとり、かたくり粉をまぶす。

⑤ 揚げ油を160℃に熱して、ピーマンとさつまいもを素揚げし、塩をふる。温度を170℃に上げ、とり肉を入れ、3～4分揚げる。とり出す直前に強火にし、カラッと揚げる。

> 最後に10～20秒、強火で揚げると、カラッと油ぎれよく揚がります。

⑥ ⑤を皿に盛り合わせる。

治部煮
じぶ

治部煮は石川県の加賀地方の郷土料理。
鴨肉の表面に粉をまぶし、野菜類と一緒に煮ます。
粉で煮汁にとろみがつき、じぶじぶと煮るようすから、
この名がついたともいわれています。
いろどりもきれいで、お正月の集まりなど、華やかな席におすすめです。
合鴨肉など、なじみのうすい食材を使うので、難しいような感じがしますが、
作り方はふつうの煮ものと、ほとんど変わりません。
ふだんのおかずにするなら、合鴨肉をとり肉にし、
生麩、ゆり根などは省いてもよいでしょう。

材料　　2人分

合鴨肉（むね）	80g
薄力粉	大さじ1
にんじん	30g
しいたけ	2個
生麩（あわ麩）*	¼本
ゆり根	10g
春菊	50g
練りわさび	小さじ¼
だし	200㎖

A	砂糖	大さじ½
	みりん	大さじ½
	酒	大さじ1
	しょうゆ	大さじ1
B	薄力粉	大さじ½
	水	大さじ½

*本来はすだれの筋目のついた「すだれ麩」という麩を使うが、生麩ならなんでもよい。「あわ麩」は、雑穀のあわの入った生麩のことで、比較的手に入りやすい。

作り方

1人分 **240**kcal ｜ 調理時間 **30**分

① にんじんは7〜8㎜厚さの輪切りにする。しいたけは軸をとり、大きければ半分に切る。

② ゆり根は1片ずつはがして、熱湯で2〜3分ゆで、ざるにとる。

③ 春菊は熱湯で1分ほどゆで、水にとって、水気をしぼる。4㎝長さに切る。

④ 鍋にだし、にんじんを入れ、火にかける。沸騰したらAとしいたけを加え、ふたをして中火で6〜7分煮る。

⑤ 生麩は4つに切る。鴨肉は皮側を上にして7〜8㎜幅に切り、薄力粉大さじ1をまぶす。

⑥ ④の鍋のふたをとって、鴨肉を1枚ずつ加え、生麩も加える。中火で2〜3分煮て、火を止める。

⑦ 器に鍋の具と、春菊を盛る。Bを合わせ、煮汁に加える。混ぜながら再び中火にかける。とろみがついたら器にはる。ゆり根を散らし、わさびを添える。

コツ

まぶした粉は、はらいません。粉で肉のうま味をとじこめるのと同時に、煮汁にとろみをつけます。

鴨肉は煮すぎるとかたくなるので、2〜3分でさっと火を通しましょう。

ゴーヤチャンプルー

家庭菜園でも人気のゴーヤ。ビタミンCが豊富です。
「良薬口ににがし」のことばどおり、独特のにが味が、
夏の健康維持にひと役かってくれます。
そんなゴーヤを使った料理の代表格といえば、このゴーヤチャンプルー。
中には「ゴーヤはにがいから、あまり好きじゃない」という人もいるかと思いますが、
わたをとるなどの下ごしらえをきちんとすれば大丈夫。
さらに、豚肉の脂や卵、けずりかつおのうま味で
にが味が緩和されるため、ぐっと食べやすくなります。

材料　2人分

ゴーヤ	1本（200g）
塩	小さじ ⅙
とうふ（木綿）	½丁（150g）
豚ばら肉（薄切り）	100g
A　塩	少々
酒	小さじ1
卵	1個
B　酒	大さじ1
しょうゆ	大さじ½
けずりかつお	小1パック（3g）
サラダ油	大さじ1

作り方

1人分 **364** kcal ｜ 調理時間 **15**分

① ゴーヤはよく洗う。縦半分に切って、スプーンで種と白いわたをとり、3mm幅に切る。塩小さじ⅙をふり、10分ほどおいて、水気を軽くしぼる。

② とうふは3〜4cm角、1.5cm厚さに切る。鍋に湯を沸かし、約1分ゆでる。ざるにとって、水気をきる。

③ 豚肉は3cm長さに切り、Aをもみこむ。卵はときほぐす。Bは合わせる。

④ フライパンに油を温め、豚肉を強火で炒める。肉の色が変わったら、端に寄せてとうふを加え、両面に焼き色をつける。ゴーヤを加え、さっと炒める。

⑤ 卵を加えて、全体を大きく混ぜる。B、けずりかつおを加え、ひと混ぜしたら火を止める。

コツ

わたの部分もにがいので、種と一緒にていねいに除きましょう。さらに、塩をふることでゴーヤのにが味がとれ、緑色も鮮やかになります。

本来は「島どうふ」と呼ばれるかためのとうふを使うところを、木綿どうふで代用するため、水きりはしっかりと。ゆでるかわりに、ペーパータオルにくるんで、電子レンジで1〜2分加熱してもよいでしょう。

豚汁

寒い日の豚汁は、何よりのごちそう。
具が何種類も入るので、切る手間はかかりますが、
根菜と肉のおいしさが溶けこんだ温かい汁を飲めば、
「また作りたい!」という気持ちになります。
それに、ふつう、汁ものはメインになりませんが、豚汁なら野菜たっぷり。
豚肉でたんぱく質も補えるので、
ほかのおかずが少なくてすむというメリットもあります。
なお、ここではだしを使っていますが、
豚肉や野菜からうま味が出るので、水で代用しても充分おいしいですよ。

材料　4人分

豚ばら肉（薄切り）	100g	ねぎ	15㎝
だいこん	100g	だし（または水）	700㎖
にんじん	40g	酒	大さじ1
さといも	2個（150g）	みそ	大さじ3（約50g）
ごぼう	40g	七味とうがらし	適宜

作り方

1人分 **154** kcal｜調理時間 **25** 分

① だいこん、にんじんは、3～4㎜厚さのいちょう切りか半月切りにする。

② さといもは皮をむき、約6㎜厚さの輪切りか半月切りにする。

③ ごぼうは皮をこそげ、斜め薄切りにする。水にさらして、水気をきる。

④ ねぎは小口切りにする。

⑤ 豚肉は2～3㎝長さに切る。

⑥ 鍋にだし、❶、❷、❸の野菜、豚肉を入れて、火にかける。沸騰したらアクをとり、ふたを少しずらしてのせる。中火で約12分煮る。

⑦ 野菜がやわらかくなったら、ねぎ、酒を加える。

⑧ ❼の煮汁を少量とり、みそを溶く。煮汁に戻し入れ、沸騰直前に火を止める。

⑨ 椀に盛る。好みで七味とうがらしをふる。

> **コツ**
> さといもは洗ったあと、よく水気をとってから皮をむくと、手がかゆくなりません。また、さといもは塩をもみこんでぬめりをとることが多いのですが、ここではそのまま使います。さといものぬめりで、汁に適度なとろみがつきます。

> 肉のくさみがこもらないよう、ふたは少しずらしてのせます。

茶碗蒸し

「メインにはならないけれど、食卓に並んでいるとなんだかうれしい」
茶碗蒸しはそんなおかずの代表格ではないでしょうか。
「どんな具が入っているかな」と食べ進めるのは、
宝探しをしているようで楽しいものです。
お店で食べる茶碗蒸しはシンプルなものがほとんどですが、家で作れば自由自在。
レシピの材料にこだわらず、かまぼこ、しいたけ、ゆり根、青菜類など、
お好みのものを使ってください。
「卵をこす」、「強火→弱火で蒸す」、「表面の泡をとる」、この３点さえ守れば、
茶碗蒸しの大敵である"鬆"も、恐るるにたらず。なめらかな仕上がりです。

材料　　　2人分

卵	1個
だし	200㎖
A　塩	小さじ⅙
うすくちしょうゆ*	小さじ½
みりん	小さじ½

* ふつうのしょうゆで代用できるが、色が多少悪くなる。

えび（無頭・殻つき）	2尾
とりささみ	小1本（30〜40g）
B　酒	小さじ1
塩	少々
しめじ	¼パック（20〜30g）
ぎんなん（水煮）	2個
三つ葉	2本（約5g）

作り方　　　1人分 **90** kcal　｜　調理時間 **30**分

① だしを少し温め、Aを加えて混ぜる。

> **コツ** 卵と調味料は混ざりにくいので、あらかじめ温かいだしで塩を溶かしておきます。

② えびは殻をむき、背わたをとる。ささみは筋をとり、6切れのそぎ切りにする。えびとささみを合わせ、Bで下味をつける。

③ しめじは根元を落として小房に分け、長ければ半分に切る。三つ葉は葉をつみ、茎は2㎝長さに切る。

④ 卵は泡立てないようにほぐし、❶と合わせて万能こし器などでこす。

> 一度こすと、なめらかな仕上がりになります。たとえ面倒でも、ここは省略しないでください。

⑤ 三つ葉の葉以外の具を茶碗に入れ、❹を静かにそそいで、表面の泡をとる。

> 泡は竹串などでつぶすか、ティースプーンですくいとりましょう。そのまま蒸すと、泡の跡がへこんで、美しく仕上がりません。

⑥ 蒸気の立った蒸し器に茶碗をのせ（茶碗のふたはしない）、ふたをする。

⑦ 初めの2〜3分は強火で蒸し、表面が白っぽくなったら弱火にして、12〜13分蒸す。

> 蒸しものは終始強火にするのがふつうですが、茶碗蒸しなどの卵料理は例外です。強火のままだとすが入り、ザラついた仕上がりになります。逆に、弱火のままだと、いつまでも固まらず、ゼリーのようになり、おいしくありません。強火で一気に表面を固めたあと、弱火でじっくり火を通しましょう。

⑧ 火を止め、三つ葉の葉をのせて、1分ほど蒸らす。

ふろふきだいこん

不思議な名前の料理です。漢字で書くと「風呂ふきだいこん」。
一説では、漆器職人が、乾きのよくない冬場、
だいこんのゆで汁を風呂(作業室)に吹いて漆器の乾燥を進め、
残っただいこんを食べたことに由来するとか。
煮るのに時間がかかるせいか、最近ふろふきだいこんを作る家は減っているようす。
ベターホームのお料理教室でも一時、姿を消していました。
しかし、「かくし包丁」を入れたり、米のとぎ汁で下ゆですることで
だいこんの辛味を消すなど、和食の知恵がふんだんに盛りこまれたこの料理、
ぜひ後世に残したいと＜ベターホームの和食基本技術の会＞で復活させました。
だいこんの甘くなる冬場にどうぞ。

材料　　　　　　　　　　　4人分

だいこん	12㎝長さ（約600g）
米のとぎ汁	約1ℓ
こんぶ	10㎝角

＜ゆずみそ＞
A ｛
- みそ　　　　大さじ3（約50g）
- 砂糖　　　　大さじ1½
- みりん　　　大さじ2
- だし　　　　大さじ2
｝
ゆずの皮のすりおろし　　　少々

作り方
1人分 **78** kcal　調理時間 **45** 分

① だいこんは3㎝長さの輪切りにし、皮を厚めにむく。

② 切り口の角を薄く面取りする（a）。切り口の片方に、厚みの⅓まで十文字に「かくし包丁」を入れる（b）。

③ かくし包丁を入れた面を下にして、鍋にだいこんを並べる。米のとぎ汁を、だいこんがひたるまで入れる。落としぶたをして火にかける（鍋のふたはふきこぼれるのでしない）。沸騰したら弱めの中火で約10分ゆでる。

④ だいこんをとり出し、表面を水で洗う。鍋と落としぶたを洗う。

⑤ 鍋にこんぶを敷き、だいこんをのせて、かぶるくらいの水を加える。落としぶたと鍋のふたをして火にかけ、沸騰したら弱めの中火で約30分煮る。

⑥〈ゆずみそを作る〉Aの材料を混ぜながら順に小鍋に入れて火にかける。中火で2〜3分混ぜながら火を通し、少し煮つめる。あら熱がとれたら、ゆずの皮（飾り用に少量をとりおく）を加えて混ぜる。

⑦ 器にだいこんを盛り、ゆずみそをかけ、飾り用のゆずの皮をのせる。

（a）　　　（b）

コツ

角の煮くずれしやすい部分を除くことで（面取り）煮くずれを防ぎ、見栄えがよくなります。また、かくし包丁を入れることで火の通りがよくなり、箸で切り分けやすくなります。

米のとぎ汁に含まれるでんぷんが、だいこんのにが味や辛味を吸着し、まろやかな味にします。とぎ汁がないときは、米大さじ1〜2を水に加えてゆでましょう。

天ぷら

天ぷらは家で作ると、なかなか満足いく仕上がりにならないのでは？
油がはねる、べちゃっとする、かき揚げがバラバラに … などの失敗から、
「ちょっと難しいな」と思っている人もいることでしょう。
でも、揚げたてのカリッとしたおいしさは格別ですから、
一度の失敗で諦めてしまうのはもったいない。練習あるのみです。
天ぷらなどの揚げものをする際は、アツアツを食べられるよう、
ほかの副菜類の用意をすべてすませておくこと。
危なくないよう調理台の余分な道具は片付けておくなど、
調理以外のことにも注意するようにしましょう。

材料　2人分

えび（無頭・殻つき）	4尾（約80g）
かぼちゃ	30g
なす	½個（約40g）
しいたけ	2個
ししとうがらし	4個
衣 ┌ 薄力粉	カップ¼（約25g）
├ 卵黄	1個分
└ 冷水	適量（卵黄と合わせて50ml）
揚げ油	適量
A ┌ ほたて貝柱（1cm角に切る）	2個（50g）
├ たまねぎ（薄切り）	¼個（50g）
└ 三つ葉（2〜3cm長さに切る）	4本（約10g）
薄力粉	大さじ½
だいこんおろし	適量
＜天つゆ＞	
B［だし100ml＋しょうゆ大さじ1＋みりん大さじ1］	

作り方

1人分 **408**kcal ｜ 調理時間（材料を冷やす時間は除く）**25**分

① かぼちゃは6〜7mm厚さに切る。なすは縦に2つ割りにする。へたのほうを2〜3cm残して、縦に4〜5本切り目を入れる（a）。しいたけは軸をとり、かさに飾り切りをする。ししとうは軸を切り落とし、揚げたときはじけないよう、切りこみを1本入れる。

② えびは殻をつけたまま洗って、剣先を切る。尾の先を斜めに切り、包丁の刃先で尾の中の水気をしごいてとる（P.149参照）。尾に近いひと節を残して殻をむき、背わたをとる。腹に4〜5か所浅く切りこみを入れ、背側に手で曲げて身をのばす。

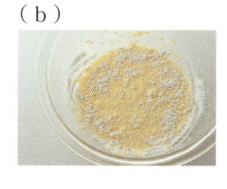

③ 具材はすべて冷蔵庫で冷やす。薄力粉カップ¼は、万能こし器などでふるって、冷やしておく。

…… 天ぷらは具材も衣も冷たい状態で揚げるのが、カラリと仕上げるコツです。

④ Bは小鍋に合わせて温める。卵黄と冷水を合わせ、薄力粉カップ¼を加えて、さっくりと混ぜ、衣を作る（b）。

…… 混ぜすぎると、カラリと仕上がりません。粉のかたまりが少し残っている程度で大丈夫。

⑤ 揚げ油を160℃に熱し、ししとう、かぼちゃ、なす、しいたけの順に、それぞれ衣をつけて揚げる。温度を180℃に上げる。えびには薄力粉小さじ1（材料外）をまぶしてから、衣をつけて揚げる。いずれの具も、泡が小さくなり、音が小さくなったら引き上げる。

…… 衣を油に落として、「いったん底まで沈んで、すぐ浮かぶ状態」が160℃、「途中まで沈んで、すぐ浮かんでくる状態」が180℃のめやすです。揚げ油の温度が下がらないよう、3〜4個ずつ揚げましょう。

⑥ かき揚げを作る。残った衣と薄力粉大さじ½、Aを混ぜる。半分ずつ170℃の揚げ油に入れて揚げる。器に天ぷらを盛り、天つゆとだいこんおろしを添える。

…… たねを木べらなどの上に広げてのせ、菜箸で油の中にすべりこませるようにすると、バラけずにまとまります。もしバラけたら、すぐに菜箸で寄せて、まとめましょう。

炊きこみごはん

「なんだか食欲がないなあ」という日でも、
味つきのごはんだと不思議と食べられるもの。
炊きこみごはんは、味が濃すぎると途中で飽きますし、
うすすぎても、ものたりないので、調味料の計量は正確に行いましょう。
このレシピは、「おかずなしでも最後までおいしく食べられるくらい」の、
絶妙の塩加減になっています。
ごくごく定番の具ばかりにしましたが、
季節に応じていろいろ変えるのも楽しいもの。
旬の味覚を、炊きこみごはんで堪能してください。

材料　　　　　　　　4人分

米	米用カップ2（360㎖・300g）
だし	400㎖
A　しょうゆ	大さじ1
酒	大さじ1
塩	小さじ⅓
油揚げ	½枚
ごぼう	40g
にんじん	20g
しいたけ	2個
とりもも肉	60g
B　しょうゆ	小さじ½
酒	小さじ1

作り方　　1人分 **316** kcal　｜　調理時間（米の浸水・炊飯時間は除く）**15**分

① 米はとぎ、水気をきる。炊飯器の内釜に入れ、だしを加えて、30分以上つける。

② 油揚げは熱湯をかけて油抜きをする。3㎝長さ、3〜4㎜幅の細切りにする。

③ ごぼうは皮をこそげ、1.5〜2㎝長さのささがきにする。水にさらして、水気をきる。にんじんは2㎝長さの細切りにする。しいたけは石づきをとり、かさと軸を切り離す。かさは3㎜幅に切り、軸は縦に細く切る。

④ とり肉は1㎝角に切り、Bで下味をつける。

⑤ ❶にA、❷、❸、❹を加えて混ぜ、ふつうに炊く。

⑥ 炊きあがったら、全体をさっくり混ぜる。

> **コツ**
> 米の浸水時には、まだ調味料を加えてはいけません。調味料は炊く直前に加えましょう。塩分で米の吸水が妨げられ、パサパサとした炊きあがりになるからです。

いなりずし

いなりずしには関東風と関西風があり、
俵形だったり、三角形だったり、中に混ぜる具もいろいろですが、
ここではシンプルな関東風のいなりずしを紹介します。
店で買ってくると、どうしても味が濃いものが多いのですが、
そのあたりを加減できるのが手作りのいいところ。
やさしく上品な味わいは、ついつい「もう1個」と手がのびてしまうおいしさです。
味を含ませた油揚げは冷凍も可能なので、多めに作っておいても。
解凍してすしめしを詰めれば、いつでも手軽にいなりずしを味わえます。

材料　　　　　　　　　8個分

すしめし	330g
いりごま（白）	大さじ1
油揚げ	4枚

A	だし	150㎖
	砂糖	大さじ2
	みりん	大さじ1½
	しょうゆ	大さじ1½

甘酢しょうが（薄切り・あれば） …… 適量

作り方　　　　　1個分 **140** kcal ｜ 調理時間 **30** 分

① 油揚げの上から菜箸1～2本を、軽く押さえながら転がし、横半分に切って、袋状に開く。

② 油揚げを熱湯で2～3分ゆでて、油抜きをする。

③ 鍋にAを合わせ、油揚げを1枚ずつ平らにして入れて、中火にかける。落としぶたをし、煮汁がほとんどなくなるまで10分ほど煮る。

④ ごまは小鍋で少し温め、飛び散らないよう、ふきんの上であらくきざむ。すしめしに加えて混ぜて8等分し、俵形に軽くにぎる。

⑤ 油揚げの口を折り返し（ a ）、❹を詰める。口を折り（ b ）、形を整える。器に盛り、甘酢しょうがを添える。

コツ

菜箸を転がすと、袋状に開きやすくなります。

いなりずしは味をしっかり含ませたいので、2～3分かけて通常よりもしっかり"油抜き"をします。ざるにとったら広げて、よく水気をきりましょう。

油揚げが折れたり曲がったりしていると、しわができたまま煮上がってしまいます。きれいに広げた状態で煮ましょう。

（a）　　（b）

＜すしめし・できあがり量は約660g＞

米	米用カップ2（360㎖・300g）
水	360㎖
こんぶ	5cm角
酒	小さじ2

＜合わせ酢＞

酢	50㎖
砂糖	大さじ2
塩	小さじ⅔

① 米はとぎ、水気をきる。分量の水とこんぶを入れ、30分以上つける。酒を加えて炊く。

② 合わせ酢の材料をよく混ぜる。

③ ふきんを手酢*でしめらせ、すしおけの内側としゃもじをしめらせておく。

④ 米が炊きあがったら、こんぶをとり出し、すしおけにあける。合わせ酢を全体にふり、しゃもじで切るように混ぜる。人肌程度にさます。

*手酢とは？
すしめしがつかないように、すしおけや手をしめらせるための酢水のこと。水だけでしめらせるのに比べて味がうすまらず、酢の殺菌力で衛生的に扱える。酢と水を同量混ぜ合わせて作る。

いかめし

駅弁でも人気のいかめし。
「家でも作れるの?」と、ちょっとびっくりされるかもしれませんが、
いかの下処理さえしてしまえば、あとはもち米を詰めて煮るだけ。
時間こそかかりますが、拍子抜けするほどかんたんにできあがってしまいます。
もち米を使っているため、さめてもおいしいので、
持ち寄りパーティなどにもおすすめ。
残ったいかの足も一緒に煮ておくとムダがなく、ちょっとした酒の肴に最適です。

材料　いか2はい分

もち米		100g
するめいか		2はい（約700g）
つまようじ		2本
A	水	700㎖
	砂糖	大さじ1½
	みりん	大さじ2½
	酒	大さじ2½
	しょうゆ	大さじ2½

作り方　1はい分 537 kcal ｜ 調理時間（もち米の浸水時間・いかめしをさます時間は除く）70分

① もち米は洗い、たっぷりの水に1時間以上つける。ざるにとり、水気をしっかりきる。

② いかは洗い、胴の中に指を入れ、身とはらわたをはずす。足を引っ張り、はらわたを引き出す（a）。

③ 軟骨をとって胴の中を流水で洗い、ペーパーで水気をふく。足は目の下で切り（b）、はらわたを除く。

④ 足のかたいくちばしを、指先で押し上げてとる（c）。輪になっている足を切り開き、足先と吸盤を切りとって、食べやすい長さに切る。

⑤ もち米をいかの胴に詰め、つまようじでとめる。

⑥ 鍋にAを合わせて煮立て、❺といかの足を入れる。沸騰したらアクをとり、ふたをする。時々いかを返しながら、弱めの中火で30分ほど煮る。

⑦ ふたをとって強火にし、時々煮汁をかけながら20分ほど煮て、煮汁を煮つめながら照りよく仕上げる。温かいうちに、つまようじをはずす。

⑧ さめたら1㎝幅に切る。足と一緒に器に盛り、鍋に残った煮汁をかける。

(a)

(b)

(c)

コツ

もち米は無理に全部詰めなくてもかまいません。いかの胴の六分目をめやすに詰めましょう。多すぎると煮ている間にもち米がふくらみ、破裂してしまいます。

さめてからつまようじを抜こうとすると、いかが裂けてしまいます。温かみが残っているうちにはずしましょう。

熱いうちに切るとくずれやすいので、さめるまで待ちましょう。包丁の刃をぬらしながら切ると、米粒がくっつきません。

赤飯

お祝いごとの席に欠かせない赤飯。
家庭で作る機会は減ったように思えますが、コンビニエンスストアなどで
赤飯のおにぎりが定番商品として販売されていることから推測するに、
「実は大好物」という人も多いのではないでしょうか。
蒸し器ではなく、電子レンジで作るレシピにしたので、
これなら家庭でも挑戦しやすいはず。
うるち米(ふつうの米)の場合は、
電子レンジで炊こうとすると芯が残りがちなのですが、
もち米なら蒸し器や炊飯器の場合と遜色なく仕上がります。

材料　4人分

もち米‥米用カップ2（360㎖・300g）
ささげ（またはあずき）* ……… 30g
ささげのゆで汁＋水 ……… 220㎖
＜ごま塩**＞
いりごま（黒） ……… 小さじ1
塩 ……… 小さじ⅓
水 ……… 大さじ1

＊ささげでもあずきでも同様に作れる。あずきは皮がやわらかく、煮炊きすると真ん中から割れがち。これが切腹を連想させて縁起が悪いということで避けられる場合もある。
＊＊市販品で代用しても。

作り方　1人分 293 kcal ｜ 調理時間（もち米の浸水時間は除く）45分

① もち米は洗い、たっぷりの水に1時間以上つける。

② 鍋にささげとたっぷりの水を入れ、強火にかける。沸騰したら弱火で2〜3分ゆで、ざるにとる（渋きり）。

③ ささげを鍋に戻し、水400㎖（材料外）を入れ、弱火で20〜30分、ややかためにゆでる。ささげとゆで汁に分ける。

④ ゆで汁に水をたし、220㎖にする。

⑤ 大きめの耐熱ボールにもち米の水気をきって入れ、ささげ、④を加え、ラップをふんわりとかける（a）。

⑥ 電子レンジで8分（500W）加熱する。全体を混ぜ、さらに4分加熱する。もう一度混ぜ、さらに3〜4分加熱する。

⑦ ラップをしたまま1分ほど蒸らし、全体をさっくりと混ぜる。

⑧ ごま塩の材料を小鍋に合わせて弱火にかけ、混ぜながら水分をとばす。水分がなくなり、さらさらの状態になったら火からおろす。好みで⑦にごま塩をふる。

〈炊飯器で作るときは〉
・④までは同様に行う。
・もち米の水気をきり、炊飯器に入れる。ささげ、220㎖に量を調整したゆで汁を加えて、ふつうに炊く。炊きあがったら、全体を混ぜる。

コツ
水分の量が少なく感じますが、もち米はうるち米に比べ、この段階で充分水分を吸っているため、少なく見えても問題ありません。

（a）

あれば南天（なんてん）の葉を飾るとよいでしょう。赤飯にはつきもので、「難を転じる」ということで縁起をかつぐ意味や、南天の葉に含まれる成分に赤飯の腐敗を防ぐ効果があるからともいわれています。

牛丼

「さっと作って、ガッと食べたい」、そんなときにぴったりの丼です。
コツは牛肉を途中でいったんとり出し、火を入れすぎないこと。
たったこれだけのことですが、肉がかたくならず、
仕上がりのおいしさが違ってきます。
牛肉とたまねぎを煮たものは冷凍しても味が変わりにくいので、
常備菜にしておくと便利。
電子レンジで温めるだけで、すぐ食べられます。
そのまま牛丼として食べるのはもちろん、とうふと合わせて肉どうふにしたり、
卵でとじたりしても、目先が変わってよろこばれますよ。

材料　　2人分 *

牛薄切り肉（切り落とし、ばら肉など）	120g
たまねぎ	½個（100g）
A　砂糖	大さじ½
酒	大さじ1
みりん	大さじ1
しょうゆ	大さじ1½
水	50㎖
紅しょうが	15g
温かいごはん	300〜350g

* 常備菜にしたいときは、すべての材料を倍量にして、同様に作る。冷蔵庫で約3日、冷凍庫で2週間程度保存可能。

作り方　　1人分 541 kcal ｜ 調理時間 15 分

① たまねぎは7〜8㎜幅に切る。牛肉は4〜5㎝長さに切る。

② 鍋にAと牛肉を合わせてほぐし、中火にかける。肉の色が変わったらとり出す。

③ ❷の鍋にたまねぎと分量の水を加えてふたをし、たまねぎがやわらかくなり、煮汁が少し残る程度になるまで3〜4分煮る。牛肉を戻し入れ、ひと煮立ちしたら火を止める。

④ ごはんを丼に盛り、❸をのせて、紅しょうがを添える。

コツ

煮汁と牛肉を合わせたら、火にかける前にざっとほぐしておきます。こうしておくと、肉同士がくっつきにくくなりますよ。

牛肉はさっと煮たらとり出し、最後に再び合わせましょう。こうすると、肉のうま味を適度にたまねぎに移すことができ、肉を煮すぎないのでかたくなりません。

鴨せいろ

おそば屋さんの人気メニュー。
家庭で作るものという感じではありませんが、よくよく考えてみれば、
単なる具入りのそば。鴨肉さえ手に入れば、お店と同じように作れます。
冷たいそばと熱い汁を合わせることで塩梅のいい温かさになり、
ついツルツルと食べすぎてしまうので、
そばはちょっと多めに用意するくらいでちょうどいいかもしれません。
鴨肉が手に入らなければ、とりもも肉で代用できます。
これはこれで、あっさりしておいしいもの。
ぜひ両方作って、食べ比べてみてください。

材料　2人分

そば（生）*	2人分（約250g）
ねぎ	½本
合鴨肉（むね）	100g
サラダ油	少々
七味とうがらし	適量

＊乾めんのそばなら、約200g。

＜そばつゆ＞

水	300㎖
こんぶ	5㎝角
けずりかつお	5g
A　砂糖	大さじ¼
しょうゆ	大さじ2
みりん	大さじ1

作り方

1人分 **521**kcal ｜ 調理時間（こんぶをもどす時間は除く）**30**分

① ＜そばつゆを作る＞こんぶを分量の水に30分以上つける。弱火にかけ、沸騰寸前でこんぶをとり出し、けずりかつおを加える。再び沸騰したら、火を止めて2～3分おき、こす。Aを加え、ひと煮立ちさせる。

② ねぎは3㎝長さに切る。鴨肉の皮に縦に3～4㎜間隔で、浅く切り目を入れる。

③ フライパンにサラダ油を薄く塗って温め、ねぎを入れて焼く。焼き色がついたらとり出す。

④ 鴨肉の皮を下にして、❸のフライパンに入れる。途中、出てきた脂をペーパータオルなどでふきとりながら、皮に焼き色がつくまで弱火で5～6分、ふたをせずに焼く。裏返して、さっと焼く。

⑤ 鴨肉に湯をかけ、表面の脂を流す。水気をふき、5㎜幅に切る。

⑥ そばは表示どおりゆでる。ざるにとって、流水でぬめりをとり、器に盛る。

⑦ そばつゆを温め、ねぎと鴨肉を加える。ひと煮立ちさせて、器に入れる。七味とうがらしをふって、そばに添える。

コツ

鴨は肉と皮の間に脂肪が多いので、切り目を入れることで脂を出やすくします。面倒なときは、皮側を竹串かフォークでところどころ刺すだけでもよいでしょう。

鴨肉は焼き色がつき、皮がカリッとするまでしっかり焼きましょう。焼き方が半端だと、脂っぽさや、くさみが残ってしまいます。

五目ずし

ひな祭り、運動会、誕生日会など、
行事ごとには欠かせない五目ずしですが、正直とても手間のかかる料理です。
省けるところは省いたレシピにしましたが、
それでも半日仕事になることを覚悟してください。
でも、昔のお母さんたちは、ことあるごとに
当たり前に作ってきたのですから、今さらながら脱帽してしまいます。
具はある程度作りおきもできますから、一気に全部作らなくても大丈夫。
前日にあらかたの具を作っておいて、当日はすしめし作りだけにすれば、
気分的にぐっとハードルが下がるはずです。

材料　　4人分

【すしめし】

- 米 ……… 米用カップ2（360㎖・300g）
  - 水 ……………………………… 360㎖
  - こんぶ ………………………… 5㎝角
  - 酒 ……………………………… 大さじ1
- ＜合わせ酢＞
- 砂糖 …………………………… 大さじ2
- 酢 ……………………………… 大さじ4
- 塩 ……………………………… 小さじ⅔

【具】

- 干ししいたけ ………………… 3個
- かんぴょう …………………… 5g
- にんじん ……………………… 80g
- A
  - だし ………………………… 100㎖
  - しいたけのもどし汁 ……… 50㎖
  - 砂糖 ………………………… 大さじ1
  - しょうゆ …………………… 大さじ1
  - みりん ……………………… 大さじ1

- れんこん ……………………… 80g
- B
  - 砂糖 ………………………… 大さじ½
  - 酢 …………………………… 大さじ1½
  - 塩 …………………………… 少々

- えび（無頭・殻つき）… 8尾（約120g）
- C
  - 砂糖 ………………………… 大さじ⅓
  - 水 …………………………… 大さじ1
  - 酢 …………………………… 大さじ1
  - 塩 …………………………… 少々

- 卵 ……………………………… 3個
- D
  - 砂糖 ………………………… 大さじ1
  - 塩 …………………………… 少々
- サラダ油 ……………………… 少々

- さやえんどう ………………… 10枚（20g）
- いりごま（白） ……………… 大さじ1

作り方は次ページ→

作り方 | 1人分 438 kcal | 調理時間（米の浸水・炊飯・しいたけをもどす時間は除く）90分

❶ ＜すしめしを作る＞
① 米はとぎ、水気をきる。水360mlとこんぶを入れ、30分以上つける。酒を加えて炊く。
② 合わせ酢の材料をよく混ぜる。
③ ふきんを手酢（P.69参照）でしめらせ、すしおけの内側としゃもじをしめらせておく。
④ 米が炊きあがったら、こんぶをとり出し、すしおけにあける。合わせ酢を全体にふり、しゃもじで切るように混ぜる。人肌程度にさます。

> **コツ**
> 合わせ酢を合わせることを考えて、すしめし用のごはんはかために炊くのがコツ。米の容量と同量の水で炊きます（通常は1.2倍の430ml）。

> すしおけがなければ、大きめのボールで代用してください。

> ❗ 材料の切り方や盛り方を変えると、おすしの表情も変わります。写真は卵とさやえんどうを大きめに切りました。

❷ <具の用意をする>

① 干ししいたけは水100mℓ（材料外）で30分以上もどす（もどし汁50mℓはとりおく）。軸をとって、薄切りにする。

② かんぴょうは水でぬらし、塩少々（材料外）をふって、もみこむ。水で塩を洗い流して鍋に入れ、たっぷりの水を加えて、火にかける。ふたをして、やわらかくなるまで中火で15分ほどゆでる。水気をきって、5mm幅に切る。

③ にんじんは皮をむき、2cm長さ、4～5mm幅のたんざく切りにする。

④ 鍋にA、しいたけ、かんぴょう、にんじんを合わせて火にかける。沸騰したらアクをとり、ふたをして中火で7～8分煮る。ふたをとり、汁気をとばす。ざるに広げて、さます。

⑤ れんこんは皮をむき、縦4～6つ割りにして、2～3mm幅のいちょう切りにする。酢水（酢小さじ1＋水200mℓ・材料外）にさらして、水気をきる。

⑥ 別鍋にB、れんこんを入れる。中火で2～3分、いり煮にして、とり出す。

⑦ えびは背わたをとる。別鍋にCとえびを入れ、中火にかける。沸騰したら裏返し、ふたをして弱火で2～3分煮る。器にとり、汁ごとさまして、殻をむく。

⑧ 卵は割りほぐし、Dを混ぜる。フライパンに油を温め、おたま1杯分の卵液を流し入れて広げる。表面が乾いてきたら、裏返す。裏面もさっと焼き、ざるに広げてさます。同様に計3～4枚焼く。それぞれ4～5cm長さに切ってから、細切りにする（錦糸卵）。

⑨ さやえんどうは筋をとり、熱湯でさっとゆでて、ざるにとる。斜めに細切りにする。

❸ <仕上げ>

① ごまは小鍋で少し温め、飛び散らないよう、ふきんの上であらくきざむ。すしめしにごまを加えて混ぜる。しいたけ、かんぴょう、にんじん、⅔量のれんこんを加えて混ぜる。

② 器にすしめしを盛り、錦糸卵、残りのれんこん、さやえんどう、えびを飾る。

コツ

れんこんは切ったそばから酢水につけると、変色を防げます。

④、⑥の具は、冷蔵庫で2～3日保存可能です。⑦、⑧の具は、前日に作って、冷蔵庫に入れておいてもよいでしょう。ただし、さやえんどうは色が悪くなるので、当日にゆでてください。

卵液を少量流してみて「シュッ」と音がする程度が、フライパンの理想の温度。「ジューッ」と音がしたら熱すぎるので、フライパンの底をいったんぬれぶきんの上に置いて温度を下げましょう。卵液を流したあとは、弱火よりやや強い程度で焼くと、きれいに焼けます。

若竹煮

新たけのこと新わかめは、春の出会いもの。
市販のゆでたけのこ（水煮たけのこ）は手軽ですが、
一度きちんと生からたけのこをゆでると、
その味わいの違いに驚きます。
若竹煮はそんなたけのこの素材の味をいかした、
うす味の煮ものです。
生のたけのこも新わかめも、
手に入るのは1年のうちのわずかな間ですから、
その時期を逃さないようにしましょう。

材料　4人分

ゆでたけのこ（下記参照）	250g
わかめ（塩蔵）	40g
木の芽	8枚
A　だし	500ml
砂糖	大さじ½
みりん	大さじ1
うすくちしょうゆ	大さじ½
塩	小さじ¼

＜たけのこのゆで方＞

① たけのこのかたい根元を切りとり、穂先を斜めに切り落とす。切りこみを1本、皮の厚さ程度に入れる（a）。

② 鍋に、たっぷりの水とぬか（水1ℓに対し約10g）を混ぜたもの、または米のとぎ汁と❶を入れ、落としぶたをする（b・鍋のふたはしない）。強火にかけ、沸騰したら中火にし、1時間ほどゆでる。

③ 竹串がすっと通る程度になったら、ゆで汁につけたままさます。皮をむいて、よく洗い、水につけて冷蔵で保存する（毎日水をかえ1週間程度保存可能）。

作り方　1人分 41kcal｜調理時間 25分

① たけのこは穂先を5〜6cm切って、根元と分ける。穂先は放射状に切る。根元は1cm厚さの半月切りか、いちょう切りにする。

② 鍋にAとたけのこを入れ、ふたをして中火で15分ほど煮る。

③ わかめは洗って塩を落とし、水に5分ほどつけてもどして、3cm長さに切る。

④ ❷にわかめを加えて、さっと煮る。器に盛り、煮汁をはって、木の芽を飾る。

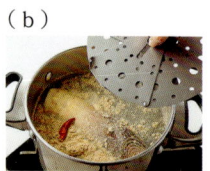

たけのこの木の芽あえ

手間ひまかかるわりに、
できあがるのはほんのちょっぴりなので、
作るのはちょっと億劫かもしれません。
でも、せっかく食彩豊かな日本にいるのですから、
たまにはこんな料理を作ってみませんか。
繊細な香りと、ほろにがく、やさしい味わいで、
まるで春そのものを食べているかのような
豊かな気持ちになれます。

材料　2人分

ゆでたけのこ（P.82参照）	100g
A　だし	50ml
うすくちしょうゆ	小さじ1
いか（刺身用さく）	50g

＜木の芽みそ＞

木の芽	10枚
青菜（かぶの葉、ほうれんそうなど）	10g
白みそ	40g
砂糖	小さじ1
みりん	大さじ1

作り方

1人分 **107** kcal　調理時間 **20** 分

① たけのこは1cm角に切って、鍋に入れる。Aを加え、煮汁がほぼなくなるまで、ふたをしないで弱火で4〜5分煮る。

② いかは1cm角に切り、熱湯でさっとゆでる。

③ 木の芽は葉をつみとる。青菜は熱湯でさっとゆでて水にさらし、水気をしぼって、あらくきざむ。

④ 木の芽と青菜をすり鉢でする（a）。白みそ、砂糖、みりんを加え、なめらかになるまですり混ぜる。

⑤ たけのこといかを❹であえる。

コツ

木の芽だけではきれいな緑色にならないため、青菜を加えます。すり鉢ですりやすいよう、少しやわらかめにゆでるとよいでしょう。

（a）

すり鉢がなければ、ミキサーやクッキングカッターでもOK。少なすぎて刃が空回りするようなら、全体量を少し増やしてみてください。

あおやぎとわけぎのぬた

「ぬた」は、野菜や魚介類を、
酢みそであえた料理です。
ここでは少々粋な素材を使いましたが、
まぐろのぶつ切りを使ったり、
万能ねぎを使ったりと、アレンジがききます。
副菜というとどうしても、
サラダや酢のものばかりになりがちな中、
この甘く、とろりとした味わいはちょっと新鮮。
「最近、おかずがマンネリだなあ」
というときにどうぞ。

材料　2人分

あおやぎ（生食用）	50g
酢	小さじ2
わけぎ	½束（100g）
<酢みそ>	
白みそ*	大さじ1強（20g）
砂糖	大さじ½
酢	大さじ1
練りがらし	小さじ½

＊信州みそ、仙台みそなど、手に入りやすい
　みそでもよい。

作り方　1人分 65kcal ｜ 調理時間 10分

① あおやぎは熱湯にさっと通し、水気をきって、酢小さじ2をふる。

② わけぎはさっとゆで、水気をきる。酢少々（材料外）をかけてしぼり、3cm長さに切る。

③ 酢みその材料を合わせ、❶、❷を加えてあえる。

さといものそぼろあんかけ

素朴な味わいがおいしいさといもですが、
もったりしているので、
少しのどに引っかかるような感じがします。
でも、こんなふうにそぼろあんをかけると、
あんのとろみでつるりと食べられます。
また、ひき肉でボリュームが増すので、
さといもだけの料理では、
いつも見向きもしてくれない子どもたちでも、
よろこんで箸をのばしてくれますよ。

材料　2人分

さといも	300g
A　だし	200mℓ
砂糖・みりん	各大さじ½
塩	小さじ⅛
しょうゆ	小さじ1
＜そぼろあん＞	
B　とりひき肉	30g
だし	100mℓ
みりん・しょうゆ	各大さじ½
しょうが汁	小さじ½
かたくり粉・水	各小さじ1
しょうが	小1かけ（5g）

作り方　1人分 140kcal　調理時間 25分

① さといもは皮をむき、ひと口大に切って、塩小さじ½（材料外）をまぶす。しょうがは皮をこそげて、せん切りにする。

② さといもを鍋に入れ、かぶるくらいの水を加えて、火にかける。ひと煮立ちしたら、水にとり、表面のぬめりを洗う。

③ 鍋にAとさといもを入れ、ふたを少しずらしてのせ、中火にかける。煮立ったら弱火にし、さといもがやわらかくなり、煮汁がほぼなくなるまで、10～12分煮る。

④ ＜そぼろあんを作る＞別の鍋にBを合わせ、菜箸3～4本で混ぜる。強火にかけ、かき混ぜながら、ひき肉が白っぽくなるまで2分ほど煮る。水どきかたくり粉を加えて、とろみをつける。

⑤ 器に③を盛り、そぼろあんをかけ、しょうがをのせる。

コツ

さといもは塩もみと下ゆでをしておくことでねばりが抑えられます。こうしておくと、煮汁がにごらず、味のしみこみもよくなりますよ。

そぼろあんは火にかける前に、ひき肉を煮汁の中でほぐしておきます。肉同士がくっつかず、なめらかなあんになります。

焼きなす

電子レンジやフライパンで
かんたんに作る方法もありますが、
この香ばしさと、とろける食感は直火で焼いてこそ。
土佐じょうゆはひと手間ですが、
かつおだしのうま味が加わり、
ぐっと上等な仕上がりになるので、
ぜひ添えてください。

※焼き網で焼いても
グリルで焼くより、より香ばしく仕上がります。
あればぜひ、焼き網でお試しを。

材料　2人分（土佐じょうゆは3〜4人分）

なす	2個（約150g）
しょうが	小1かけ（5g）
＜土佐じょうゆ＞	
しょうゆ	大さじ1
みりん	大さじ½
酒	大さじ½
水	大さじ3
けずりかつお	2g

作り方

1人分 **28** kcal ｜ 調理時間 **20** 分

① なすはへたのまわりにぐるりと浅く切りこみを入れ、がくをとる。

② なすを予熱したグリルにのせる。強火で10分ほど焼く（途中で1回裏返す）。

③ 焼きあがったなすを水にさっとつける。へたの方から手早く皮をむく。

④ 縦に5〜6つに裂き、へたを切り落とす。約5cm長さに切る。

⑤ 土佐じょうゆの材料を小鍋に合わせ、ひと煮立ちさせて、こす。しょうがは皮をこそげて、すりおろす。

⑥ 器になすを盛りつける。土佐じょうゆをかけ、おろししょうがをのせる。

コツ

焼きあがりの見方は、皮全体にこげめがつき、箸で軽くはさんでみて、やわらかいと感じるくらいです。

水に一瞬つけたら、すぐに引き上げましょう。長くさらすと、水っぽくなってしまいます。皮をむくときは熱いので、やけどに注意。時々水（または氷水）で、手を冷やしながら行うとスムーズです。

アスパラとにんじんの白あえ

本来、白あえのあえごろもは
ごまととうふをすり鉢ですって作るものですが、
練りごまがあれば、泡立器でとうふをくずせばOK。
少しあらめの仕上がりですが、
むしろとうふの風味が残るので、
「こっちのほうが好き」という人もいます。
ベターホームの教室でも、
この「かんたん白あえ」方式が人気です。

材料　4人分

グリーンアスパラガス	2本
にんじん（3㎝長さ）	50g
湯	600㎖
塩	小さじ1
しめじ	½パック（50g）
A　酒	大さじ1
しょうゆ	小さじ½
<あえごろも>	
とうふ（木綿）	½丁（150g）
砂糖	大さじ1
B　練りごま（白）	大さじ1
塩	小さじ⅙

作り方

1人分 **72**kcal ｜ 調理時間 **20**分

① アスパラは根元とかたい皮を除く。縦半分にし、さらに3㎝長さに切る。にんじんは3㎝長さの、厚めのたんざく切りにする。

② 鍋に分量の湯を沸かし、塩小さじ1を加える。にんじん、アスパラの順に入れて、2分ほどゆでてとり出す。続けて、とうふを3～4㎝大にくずしながら加え、再度沸騰したらざるにとって、水気をきる。

③ しめじは根元を落として小房に分け、長ければ半分に切る。鍋にしめじとAを合わせ、中火でしんなりするまでいり煮にする。

④ ボールにBを合わせ、とうふを加える。泡立器で、とうふをくずしながら混ぜて、あえごろもを作る。にんじん、アスパラ、しめじを加えてあえる。

コツ

野菜はややかためにゆであげるのがコツ。ふわふわのあえごろもと混ぜたとき、食感が際立ちます。

酢のものなど、ふつうのあえものは、野菜の水気が出ないよう、食べる直前にあえるのが鉄則ですが、白あえは別。あえごろもと具がなじんだころがおいしいので、時間があれば冷蔵庫に20分ほど入れておくといいですよ。

さやいんげんのごまあえ

昔はどの家庭にも当たり前にあったすり鉢。
最近ではすっかり見かけなくなってしまいました。
ベターホームの初心者向けの講習会では一時、
使うのをやめていたのですが、
和食のきちんとした技術を
受け継いでほしいとの思いから、
再度すり鉢を復活させました。
すりたてのごまの香りのよさは、
市販のすりごまでは決して出せないものです。

材料　2〜3人分

さやいんげん*	100g
いりごま（白）	大さじ2
酒（またはだし）	大さじ1
しょうゆ	大さじ½強
砂糖	小さじ½

＊ほうれんそうや春菊で作ってもおいしい（分量は150gに増やす）。いずれも熱湯でさっとゆでたあと冷水にとって水気をしぼる。②以下の作り方は同じ。

作り方　（3人分として）1人分 42kcal ｜ 調理時間 15分

① いんげんは筋があればとる。熱湯で約2分ゆでて、ざるにとる。3〜4cm長さに切る。

② ごまを小鍋に入れ、弱火で温める。すり鉢に入れ、半ずりにする。

③ ❷に酒としょうゆ、砂糖を入れてすり混ぜる。いんげんを加えてあえる。

コツ

ごまは温めると香りが立ちます。"半ずり"とは全体が均一につぶされた状態をいい、市販のすりごまと同じくらいのすり加減です。好みであらめにしたり、さらに細かくすってもよいでしょう。

いんげんとあえごろもは、食べる直前にあえましょう。あえてから時間をおくと、いんげんから水分が出たり、色が悪くなったりします。

あじの酢じめ

酢じめは魚の調理方法のひとつ。
酢にひたすことで魚の水気とくさみが抜け、
身もきゅっとしまるので、
さっぱりとした味わいです。
あじも、酢じめにして、
薬味類と合わせて小鉢に盛ると、
ワンランク上の雰囲気になります。

材料 2〜3人分

あじ（三枚におろしたもの）	中2尾分（約170g）
塩	小さじ1
A ｜ 水	大さじ2
｜ 酢	大さじ2
酢	50mℓ
しその葉	2〜3枚
きゅうり	½本
しょうが	1かけ（10g）
しょうゆ	適宜

作り方　（3人分として）1人分 **64** kcal ｜ 調理時間 **40** 分

① あじは腹骨をそぎとる。身の両面に塩をふり、10分ほどおく。

② Aを合わせて、あじを洗い、水気をふきとる。皮を下にしてトレーにのせ、酢50mℓにひたし、15分ほどおく（途中で1回裏返す）。

③ 小骨を抜いて、皮をむく。切り目を斜めに細かく入れて、食べやすい大きさのそぎ切りにする。

④ きゅうりはせん切りにし、水に放してパリッとさせ、水気をきる。しょうがは皮をこそげて、すりおろす。

⑤ 器にしそ、きゅうり、あじを盛りつけ、しょうがを添える。しょうゆをつけて食べる。

コツ

酢に長時間ひたすと、身がしまりすぎてしまいます。時間はきちんと守りましょう。

小骨や皮は、酢にひたしてから処理しましょう。身がしまるので、作業しやすくなります。

ほうれんそうのおひたし

ほうれんそうをゆでる際に、
塩を加えているレシピをよく見かけます。
色をきれいに出すのが目的と思われますが、
そのためには湯の量の2％以上の塩が必要で、
ほうれんそうに余計な塩味がついてしまいます。
だから、ベターホームでは、塩は入れません。
たっぷりの湯を使って、短時間でゆであげれば、
塩なしでも、鮮やかな緑色に仕上がります。

材料　2人分

ほうれんそう*	½束（100〜120g）
しょうゆ	小さじ¼
けずりかつお	少々
＜割りじょうゆ**＞	
しょうゆ	小さじ½
だし	小さじ2

* 春菊、小松菜などでもおいしい。
** ふつうのしょうゆ小さじ1で代用してもよい。

作り方
1人分 **11** kcal ｜ 調理時間 **10** 分

① ほうれんそうはよく洗う。根があれば切りとり、太いものは根元に十文字に切り目を入れる。

② たっぷりの湯を沸かし、ほうれんそうを根元から入れてゆでる。再び沸騰したら上下を返し、水にとる。

③ 水を1〜2回かえる。水の中で根元をそろえ、水気をしぼる。

④ ほうれんそうに、しょうゆ小さじ¼をふりかけ、さらに水気をしぼる（a・しょうゆ洗い）。3〜4cm長さに切り、器に盛る。

⑤ 割りじょうゆの材料を合わせ、ほうれんそうにかける。けずりかつおをふる。

コツ

火の通りにくい根元からゆでると、均等に火が入ります。余熱でも火が通るので、ゆですぎないようにしましょう。

水気のしぼり具合は、かたくもゆるくもなく、ほどほどに。ほうれんそうから緑の汁が出るようでは、しぼりすぎです。

"しょうゆ洗い"をすると、ほうれんそうの水っぽさがなくなり、味がはっきりします。

（a）

うの花いり

おからは食物繊維など、
大豆の栄養成分が残っているので、
もっと積極的に食べたいもの。
ほんのちょっぴりのおからで、
驚くほどたくさんのうの花いりができるので、
一度作ると出来合いのものを買うのが
もったいなく感じるようになります。
おからが使いきれなかったときは
小分けにして冷凍しておくと便利です。

材料　4人分

おから*	100g
さつま揚げ**	小2枚（50g）
干ししいたけ	2個
ごぼう	30g
にんじん	40g
ねぎ（緑の部分を含む）	20cm
ごま油	大さじ1
A　だし	200ml
砂糖	大さじ1
しいたけのもどし汁	大さじ2
酒	大さじ1
みりん	大さじ1
しょうゆ	大さじ½
塩	小さじ¼

*残ったときは、冷凍保存ができます。小分けにして密閉し、3週間程度で食べきります。
**ちくわ小2本（小口切り）でも。

作り方　1人分 107kcal ｜ 調理時間（しいたけをもどす時間は除く）20分

① 干ししいたけは、水70ml（材料外）で30分以上もどす（もどし汁大さじ2はとりおく）。軸をとり、半分に切って薄切りにする。

② ごぼうは皮をこそげる。ささがきにしながら水にさらして、水気をきる。

③ にんじんは2cm長さの細切りにする。ねぎは小口切りにする。

④ さつま揚げは横半分に切り、3〜4mm幅に切る。Aは合わせる。

⑤ 鍋（またはフッ素樹脂加工のフライパン）にごま油を温め、ごぼう、にんじんとしいたけを入れ、中火で炒める。油が回ったらAを加え、ふたをして中火で3分ほど煮る。

⑥ おからとさつま揚げを加え、煮汁がなくなるまで4〜5分、いり煮にする。

⑦ 煮汁がほぼなくなったらねぎを加えて混ぜ、火を止める。

だいこんの柚香あえ

要は浅漬けなのですが、
ゆずをほんの少し合わせるだけで、
びっくりするほど上等な味になるから不思議です。
少し時間をおいたほうが
味がなじんでおいしくなるので、
常備菜にもおすすめ。
冬の食卓には欠かせない箸休めとなりそうです。
だいこんの代わりに、かぶで作ってもよいでしょう。

材料　2人分

だいこん	150g
塩	小さじ¼
ゆず	¼個
A　砂糖	小さじ1
酢	大さじ1
塩	少々

作り方

1人分 19kcal ｜ 調理時間（味をなじませる時間は除く）15分

① だいこんは3cm長さのたんざく切りにする。塩小さじ¼をもみこみ、10分ほどおく。水気をしぼる。

② ゆずは果汁をしぼり、皮の黄色い部分を薄くそぎとって、細切りにする。

③ ボールにAを合わせ、ゆずの果汁を加えて混ぜる。

④ ❸にだいこんとゆずの皮を加えてあえ、少しおいて味をなじませる（冷蔵庫で3〜4日保存可能）。

> **コツ**
> だいこんをたんざく切りにするときは、繊維にそって切りましょう。歯ごたえがよくなりますよ。

かきたま汁

シンプルで、やさしい味の吸いもの。
どんな料理とも相性がいいので、
和食の献立を考える際、「何か汁ものがほしいな」
というときに重宝します。
材料も手順も単純ですが、
にごりのない、澄んだ汁ものに仕上げるのは、
意外と難しいもの。
コツをしっかりおさえましょう。

材料　2人分

だし	300mℓ
塩	小さじ1/6
うすくちしょうゆ	小さじ1/2
卵	1個
三つ葉	2本（約5g）
かたくり粉	小さじ1
水	小さじ2

作り方

1人分 **48**kcal ｜ 調理時間 **10**分

① 卵は卵白を切るようにときほぐす。三つ葉は葉と茎に分け、茎は3cm長さに切る。

② 鍋にだしを入れて火にかけ、塩とうすくちしょうゆで味をととのえる。

③ ❷に水どきかたくり粉を加えて、とろみをつける。

④ ふつふつと煮立ったところに、卵を菜箸につたわらせながら糸状に流し入れる。ひと呼吸おいたら、全体をひと混ぜする。

⑤ 三つ葉の茎を加えて、火を止める。椀に盛り、三つ葉の葉をのせる。

コツ

卵を入れる前にとろみをつけておくと、卵が鍋底に沈むことがなく、ふんわりと仕上がります。

だしが適度に沸騰しているところに加えないと、卵が固まらないうちに広がってしまい、汁がにごります。また、卵を入れてすぐに混ぜると、やはり汁がにごるので、ひと呼吸おいてからにしましょう。

砂肝の香りづけ

砂肝は栄養価も高く値段も手ごろ。
「どう調理したらいいかわからない」という人も
多いと思いますが、この料理を機会に
一度手にとってみませんか。ごま油とねぎの香りで、
砂肝独特のクセも気になりません。
たまには砂肝のような
ふだんあまり使わない食材を食卓に出すと、
「コリコリしておいしいね」などと話がはずみ、
思いがけず「わが家の定番」になるかもしれません。

材料　4人分

砂肝	200g
しょうが	小1かけ（5g）
ねぎ	5cm
A　しょうゆ	大さじ1½
酢	小さじ1
ごま油	小さじ½

作り方

1人分 51 kcal ｜ 調理時間（味をなじませる時間は除く）20分

① 砂肝は対になっている部分から半分に切る（a）。白い部分は浅く切り目を入れ（b）、そこから手ではがす（c）。

② 皮側に細かく切りこみを入れる。

③ ひと口大に切り、熱湯で2～3分ゆでて、水気をきる。

④ しょうが（皮をこそげる）、ねぎはみじん切りにし、Aを加えて混ぜる。

⑤ ❹に砂肝をつける。時々上下を返して、30分以上味をなじませる（冷蔵庫で3～4日保存可能）。

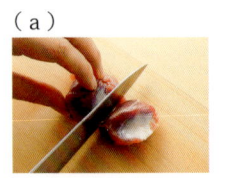

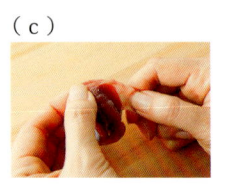

コツ

白い部分をはがすときは、けっこう力がいります。うまくはがせないときは、包丁で薄くそぎとってもかまいません。

皮側はかたいので、切りこみを入れると、ぐっと食べやすくなります。

(a)　(b)　(c)

炒めなます

その名のとおり、炒めて作るなます。
加熱するので酸味が抑えられ、
誰でも食べやすい味です。
色をきれいに仕上げるため、
うすくちしょうゆを使いましょう。
うすくちは常備していない家も多いでしょうが、
見た目の問題もさることながら、
キリリとした味わいは、ふつうのしょうゆでは
代用がきかない場合もしばしば。
小さめのものを1本買っておくと、
和食の腕が上がります。

材料　4人分

れんこん	100g
にんじん	50g
干ししいたけ	2個
さやえんどう	8枚
しらたき	100g
ごま油	大さじ½
A　砂糖	大さじ1
酢	大さじ2
うすくちしょうゆ	大さじ1
しいたけのもどし汁	大さじ1

作り方

1人分 53kcal ｜ 調理時間（しいたけをもどす時間は除く）15分

① 干ししいたけは水50mℓ（材料外）で30分以上もどす（もどし汁大さじ1はとりおく）。軸をとって、薄切りにする。

② れんこんは皮をむき、2〜3mm厚さの半月切り、またはいちょう切りにし、水にさらして、水気をきる。にんじんは縦2〜6つ割りにし、斜め薄切りにする。

③ さやえんどうは筋をとる。しらたきは5cm長さに切る。たっぷりの湯を沸かし、さやえんどうをさっとゆでてとり出す。同じ湯でしらたきをゆでて、水気をきる。さやえんどうは2〜3つの斜め切りにする。Aは合わせる。

④ 鍋にごま油を温め、れんこん、にんじん、しいたけ、しらたきを入れて、強火で炒める。油がまわったらAを加える。中火で汁気がなくなるまで炒め煮にする。

⑤ さやえんどうを加えてひと混ぜし、火を止める。

ひじきの煮もの

海藻や豆、根菜などの、体にいい食材がいっぱい。
量が少ないと作りにくいため、
あえて4人分のレシピにしました。
冷蔵庫で3〜4日保存できるので、
ふたり暮らしや単身世帯でも、
この程度なら充分食べきれるはずです。

材料	4人分
芽ひじき	20g
にんじん	30g
れんこん	80g
油揚げ	½枚
大豆（水煮缶詰）	40g
サラダ油	大さじ1
A　だし	150㎖
A　砂糖	大さじ1
A　しょうゆ	大さじ1
A　酒	大さじ1

作り方

1人分 96kcal ｜ 調理時間 35分

① ひじきは水でさっと洗う。たっぷりの水に入れてもどす。水気をきる。

② にんじん、れんこんは2㎜厚さのいちょう切りにする。れんこんは水にさらして、水気をきる。

③ 油揚げは熱湯をかけ、油抜きする。縦半分にし、細切りにする。

④ 鍋に油を熱し、強火でひじきを炒める。にんじん、れんこん、油揚げ、大豆を加え、さらに炒める。

⑤ 全体に油がまわったら、Aを加える。ふたをして弱火で約15分、汁気がほぼなくなるまで煮る（途中で1〜2回混ぜる）。

コツ

あとで煮るので、ひじきはかためにもどします。時間にしたら10〜15分程度。逆に、サラダやあえものに使う場合は、しっかりもどしておきましょう。

ひじきは油で炒めることで、つや、コク、うま味がすべて増します。また、油で覆われることにより、煮くずれもしにくくなりますよ。

きんぴらごぼう

おなじみのきんぴらですが、かたいごぼうを
ひたすら細く切るのは、慣れないとけっこう大変。
方法はいろいろですが、ベターホームでは
さまざまな変遷を経て、今はまず斜め薄切りにし、
そのあと細切りにするという方法に落ち着きました。
これだと誰でも形をそろえやすく、
歯ごたえもやわらかくなります。

材料　2人分

ごぼう*	80g
にんじん*（5cm長さ）	20g
赤とうがらし	¼本
ごま油	大さじ½
A　砂糖	小さじ1
しょうゆ	大さじ½
みりん	大さじ½
だし	大さじ2

* きんぴらはごぼうやにんじん以外でもおいしく作れます。れんこん〈100g・薄いいちょう切り〉、ピーマン〈150g・細切り〉、こんにゃく〈100g・1～2cm角にちぎり、熱湯でアク抜きをする〉などでも。

作り方

1人分 75kcal ｜ 調理時間 15分

① ごぼうは皮をこそげる。5cm長さ、2～3mm厚さの斜め薄切りにし、せん切りにする。水にさらして、水気をきる。

② にんじんは5cm長さ、2～3mm幅のせん切りにする。

③ とうがらしは水につけてやわらかくし、種をとって小口切りにする。Aは合わせる。

④ 鍋にごま油を温め、ごぼう、にんじんを強火で1～2分炒める。Aを加え、強火のまま汁気がなくなるまで炒め煮にする。

⑤ とうがらしを加えて、ひと混ぜする。火を止め、器に盛る。

コツ

ごぼうは水にさらすとアクが抜け、変色も防げます。ただし、さらしすぎると、うま味もなくなってしまいます。「切るそばから水につけ、全部切り終えたら水気をきる」くらいが、ちょうどいい塩梅です。

煮る前に強火でさっと炒めて油の膜を作っておくと、煮汁がしみこみすぎず、適度に歯ごたえが残ります。

いりごまを上にふってもいいでしょう。これは〝天盛り〟といい、山高に盛った料理の上にのせるもののこと。料理に風味を加えるのと同時に、「この料理はまだ誰も手をつけていませんよ」ということがひと目でわかるため、おもてなしの意をこめることができます。

紅白なます

おせち作りは大変ですが、全部市販品というのは、
さすがに味気ない気がします。
1〜2品でかまいませんから、手作りしてみませんか。
家庭でも比較的かんたんに作れるおせちを
4品ご紹介します(P.98〜101)。
ひと品目は色合いもめでたい紅白なます。
ごちそう続きのお正月には、
このさっぱりした味わいがよろこばれます。

材料　　　　　　　4人分

だいこん	300g
にんじん(4cm長さ)	30g
塩	小さじ⅓
ゆずの皮	少々
<甘酢>	
砂糖	大さじ1½
酢	大さじ3
みりん	大さじ½
塩	小さじ⅛

作り方　　1人分 28kcal ｜ 調理時間(味をなじませる時間は除く) 15分

① だいこん、にんじんは、それぞれ4cm長さのせん切りにする。ゆずは皮の黄色い部分を薄くそぎ、せん切りにする。

② だいこんとにんじんをボールに合わせ、塩小さじ⅓をふって軽く混ぜて、10分ほどおく。

③ 甘酢の材料を合わせる。❷の水気をしぼって加えてあえ、ゆずの皮を加えて混ぜる(半日〜1日おくと、味がよくなじむ。冷蔵庫で4〜5日保存可能)。

コツ

にんじんの赤は目立つので、だいこんよりも、やや細めに切りましょう。

にんじんの色がだいこんに移らないように、かつては別々に塩もみしていました。でも、たいして染まるわけではないので、よほど気にするのでなければ、一緒で大丈夫。手間も省けます。

田作り

田作りは「ごまめ」とも呼ばれ、
豊作祈願の意味をもちます。
濃いめの味で香ばしく、
酒の席の多いお正月には、肴としても重宝します。
おせち料理は手間のかかるものが多いのですが、
田作りならあっという間。
少量で作る場合は電子レンジでも調理できるので、
よりチャレンジしやすいでしょう。

材料　4人分

田作り（ごまめ）*	50g
A［砂糖	大さじ1
みりん	大さじ1
しょうゆ	大さじ1
水］	大さじ1
酒	大さじ½

＊かたくちいわしの幼魚の乾燥品。
　年末になると店頭に並び始める。

作り方

1人分 **62** kcal ｜ 調理時間 **10** 分

① フライパンに田作りを入れ、弱火にかける。こがさないように注意しながらいる。

> **コツ**
> 手でポッキリ折れる程度がめやすです。

② 小鍋にAを合わせて中火にかけ、半量程度になり、とろりとするまで煮つめる。田作りを加え、手早くからめる。酒をふってほぐし、皿に広げてさます。

＜電子レンジで作る場合＞　※少量作る場合は、電子レンジが向きます。

田作り	25g
A［砂糖	大さじ1
酒	大さじ½
しょうゆ］	小さじ1

① 耐熱容器に田作りを広げる。電子レンジで1分30秒～2分（500W）加熱する。Aは合わせる。
② 田作りにAを加えてからめ、電子レンジでさらに1分30秒～2分加熱する。
③ くっつかないように、バットや皿に広げてさます。

きんとんの茶巾しぼり

おせちの中でも特に人気の栗きんとん。
和菓子のように茶巾しぼりにすると、
ちょっと改まった感じになり、
華やかなお正月の席にピッタリです。
たくさん食べてほしいので、
市販のものに比べて甘さはやや控えめ。
その分、日もちはしませんので、
冷蔵庫に入れて1～2日で食べきりましょう。

材料　8個分

さつまいも	300g（正味約200g）
水	800mℓ
栗の甘露煮	8個
A　砂糖	大さじ6
水	大さじ4
甘露煮の汁	小さじ2
塩	少々

作り方

1個分 **87** kcal ｜ 調理時間 **30**分

① さつまいもは、1cm厚さの輪切りにする。皮を厚めにむき、水に10分ほどさらす（途中で2～3回水をかえる）。

② 鍋に分量の水とさつまいもを入れて火にかける。沸騰したら弱火にし、さつまいもがやわらかくなるまで10分ほど煮て、火を止める。鍋のふたでおさえて水気をきり、鍋の中でマッシャーなどでつぶす。

③ ❷にAを加えて再び弱火にかけ、木べらの上にのせて傾けて、落ちない程度のかたさになるまで練る。

④ あら熱がとれたら8等分する。ラップにとり、栗をのせて、茶巾にしぼる。

コツ
弱火で時間をかけて練ると、つやよく仕上がります。時間にすると4～5分がめやすです。

黒豆

「まめ（豆）に働き、まめに暮らせますように」と
願いをこめて作られる代表的なおせち料理。
家庭で豆を煮る機会はめっきり減ってしまいましたが、
年に一度くらいはゆっくりコトコト煮てみませんか。
黒豆は前の晩から煮汁につけておきましょう。
だんだんと黒豆がツヤツヤ、
ふっくらしていくようすは、
見ているだけでも楽しいもの。
年末に作っておくと、元日には味がしみて、
ちょうど食べごろになりますよ。

材料	作りやすい分量
黒豆	250g
<煮汁>	
水	1.5ℓ
砂糖	200g
しょうゆ	大さじ2
塩	小さじ⅓
重曹*	小さじ⅓

＊加えることで、黒豆をやわらかく煮ることが
できる。必ず「食用」のものを使うこと。スーパーや製菓材料店で買える。

作り方　（10人分として）1人分 187kcal｜調理時間（豆を煮汁にひたす・味をなじませる時間は除く）5時間

① 黒豆は水でざっと洗う。

② 鍋に煮汁の材料を合わせる。黒豆を入れて、8時間～ひと晩そのままおく（この段階で元の豆の大きさよりずいぶん大きくなる）。

③ ❷を強火にかけ、沸騰したらアクをとる。

④ 弱火にし、落としぶたをして、鍋のふたを少しずらしてのせる。やわらかくなるまで5時間ほど煮る。

⑤ 時々ゆで加減を確認する。指でつぶしてみて、すぐにつぶれるくらいになれば完成。煮汁につけたまま、ひと晩おいて、味をなじませる。

コツ

煮る間、豆が煮汁から出ると、しわが寄ってしまいます。煮汁がたりなくなったら、水を少しずつたしましょう。

洋食

日本の家庭料理は、いまや和食だけにとどまりません。
カレーやハンバーグなどは、もはや国民食といってもいいほど
日本の食卓になじんでいますし、
ビーフシチューをおかずに白いごはんを食べるといった光景も、
もはや当たり前のものとなっています。

「大人になるにつれて、和食が恋しくなる」と、口では言っても、
「今日の晩ごはんはハンバーグ」と言われたときの、
飛び上がりたいほどうれしい気持ち、
台所に鼻を近づけて「あ、今日はカレーだ」と気づいたときの、あのよろこび…
子どものころのハッピーな食の記憶は、いつまでたっても消えないものです。

子どものころに大好きだった、あの味、この味に再会してみませんか？
さぁ、おいしい洋食を作りましょう。

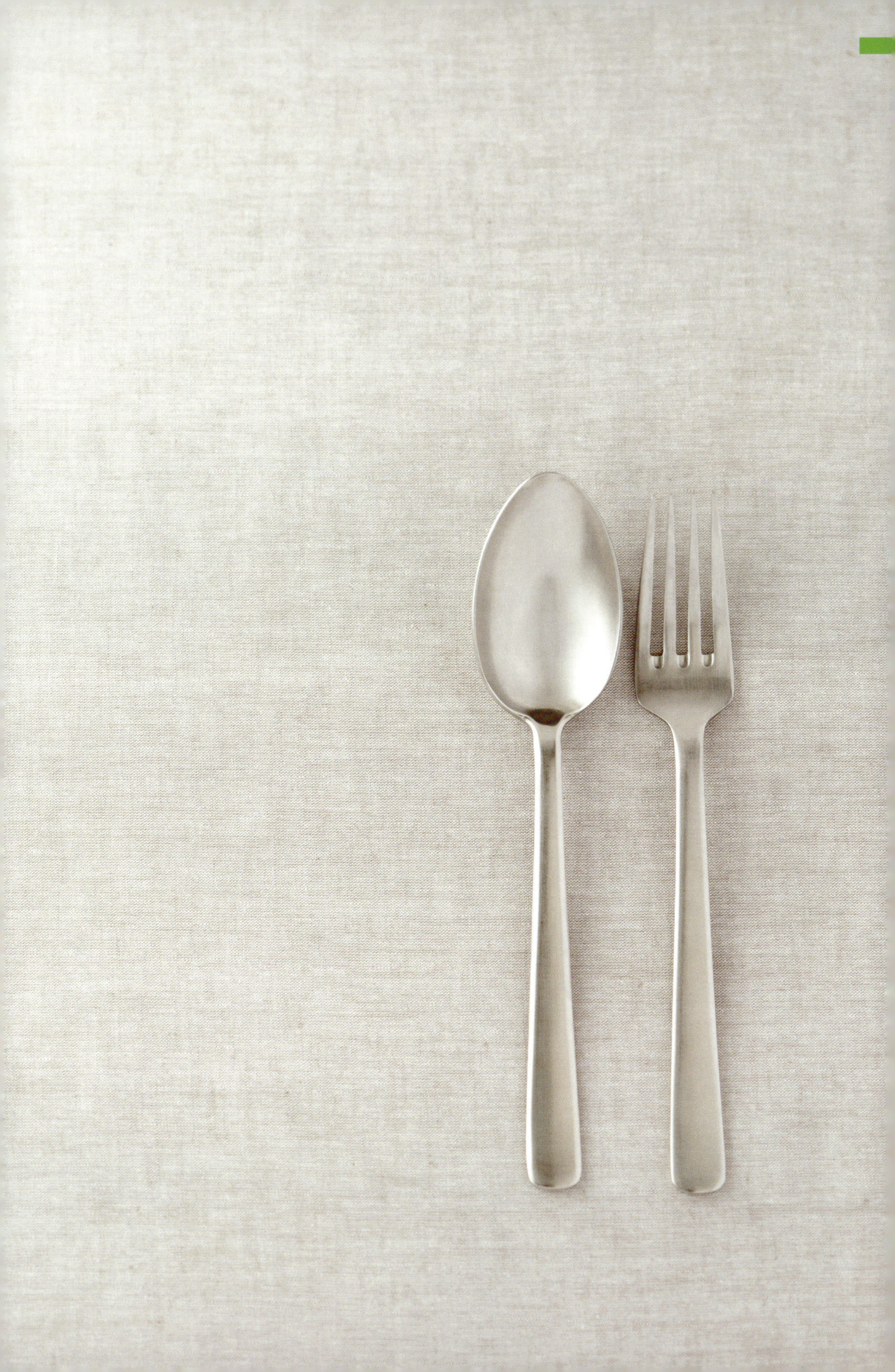

ビーフシチュー

一度は作ってみたい、憧れの洋食です。
牛肉をキウイにつけこむのが、このレシピの最大のミソ。
キウイに含まれるたんぱく質分解酵素の働きで、
いわゆる「箸で切れるほど」に、やわらかく煮あがります。
少々筋張ったような安い牛肉でも充分おいしく仕上がるので、
むしろサシ（脂肪の網目）がびっしり入ったような
高級な牛肉を使うのはもったいない！とさえ感じます。
ドミグラスソースの味はメーカーによってかなり異なるので、
仕上げの塩・こしょうは、味をみながら
少しずつ加えるようにしてください。

材料　4人分

牛肩ロース肉（かたまり）	400g
キウイフルーツ（熟したもの）	1個
薄力粉	大さじ1
サラダ油	大さじ1
赤ワイン	100mℓ
A　水	800mℓ
固形スープの素	1個
ローリエ	1枚
ドミグラスソース	½缶（150g）
塩・こしょう	各少々
B　たまねぎ（みじん切り）	1個（200g）
セロリ（みじん切り）	20g
にんにく（みじん切り）	1片（10g）
トマトペースト	大さじ1
C　たまねぎ	1個（200g）
にんじん	100g
じゃがいも	大1個（200g）
マッシュルーム（石づきをとる）	½パック（50g）
バター	30g

作り方

1人分 **522** kcal ｜ 調理時間 **120** 分

① キウイは皮をむき、フォークであらくつぶす。牛肉を約4cm角に切り、キウイをまぶして、20分以上おく。汁気をきり（つけ汁はとりおく）、薄力粉をまぶす。フライパンに油を熱し、牛肉を焼く。表面に焼き色がついたら、ワインを加えてアルコール分をとばす。

② 鍋にA、牛肉、❶のつけ汁を加えて強火にかける。沸騰したらアクをとり、ふたを少しずらしてのせて、中火で15分ほど煮る。

③ 耐熱皿にBを広げ、バター15gをちぎってのせる。電子レンジで4～5分（500W）加熱する（ラップなし）。

④ フライパンに❸を入れ、茶色く色づくまで中火で炒める。トマトペーストを加えてさっと炒める。❷の鍋に加えて、時々混ぜながら中火で45分～1時間煮る。肉をとり出し、煮汁を万能こし器でこす。肉を戻す。

⑤ Cのたまねぎは2cm幅のくし形切りにする。にんじんは4cm長さに切り、縦4～6つ割りにして、面取りする。じゃがいもは皮をむき、4つに切る。面取りし、水にさらして、水気をきる。フライパンにバター15gを溶かしてCを入れ、油がなじむ程度にさっと炒める。

⑥ ❹に❺とドミグラスソースを加え、弱めの中火でさらに20分ほど煮る。塩・こしょうで味をととのえる。

コツ

キウイにはたんぱく質を分解する性質があるので、牛肉がやわらかく仕上がります。サシが適度に入っているようなおいしい牛肉を使う場合は、キウイは省いてもかまいません。

たまねぎなどはよく炒めると、うま味が増します。初めからフライパンで炒めてもかまいませんが、茶色くなるまで炒めるのは大変。最初に電子レンジで水分を適度にとばしておくと、炒め時間が短くてすみます。

トマトペーストとは、トマトピューレをさらに煮つめたもののことで、少量でコクが出るから便利。トマトピューレ100gでも代用できます。

煮汁をこすと、見た目がよく、なめらかに仕上がりますが、面倒なら省いてもかまいません。その場合、キウイの種などが残りますが、食べるときにはそれほど気になりません。

ハンバーグ

好きなおかずナンバーワンに挙がることも多いハンバーグ。
特に子どもたちには大人気です。
教室のレシピを決める際には、肉をこねる回数までカウントしたりと、
細かい試作を何度もくり返して、最高の焼きあがりにたどり着きました。
混ぜ方、焼き方など、ちょっとしたコツをきちんと押さえることで、
ハンバーグの見栄えやジューシーさは、ぐんと変わってくるもの。
誰にでも作れる定番おかずだからこそ、
誰よりもおいしく作れるようになりましょう。

材料　2人分

合いびき肉	180g
たまねぎ	½個（100g）
バター	10g
A　パン粉	カップ¼（10g）
牛乳	大さじ1
卵	½個
塩	小さじ⅙
こしょう	少々
ナツメグ	少々
サラダ油	大さじ½
ミニトマト	適量
<ソース>	
トマトケチャップ	大さじ1
ドミグラスソース	大さじ1½
白ワイン（あれば）	大さじ1
<マッシュポテト>	
じゃがいも	1個（150g）
B　牛乳	大さじ2
塩・こしょう	各少々
パセリのみじん切り	少々

作り方

1人分 **395** kcal ｜ 調理時間 **30**分

① たまねぎはみじん切りにする。フライパンにバターを温め、たまねぎを加えて、薄く色づくまで中火で炒める。さます。ソースの材料は合わせ、電子レンジで30秒ほど（500W）加熱する（ラップなし）。

② マッシュポテト用のじゃがいもは皮をむき、1cm厚さのいちょう切りにする。鍋に入れ、かぶるくらいの水を入れ、やわらかくなるまでゆでる。水気をきって再び火にかけ、水分をとばす。熱いうちにマッシャーやフォークでつぶし、Bを加えて混ぜる。

③ ボールにひき肉、たまねぎ、Aを合わせ、ねばりが出るまで手で混ぜて、2等分する。

④ 手に水少々（材料外）をつけ、まとめながら、手から手に打ちつけるようにして、中の空気を抜く。だ円形に整え、片面の中央を軽くくぼませる。

⑤ フライパンにサラダ油を温め、くぼませたほうを上にして❹を入れ、中火で焼く。焼き色がついたら裏返す。弱火にしてふたをし、8分ほど焼く。竹串を刺し、肉汁が透明になったら焼きあがり。

⑥ 器にハンバーグを盛り、ソースをかける。マッシュポテトとトマトを添えて、マッシュポテトにパセリをふる。

> **コツ**
> たねを混ぜる際は、まず手で材料をにぎるようにして20回ほど混ぜ合わせ、その後、少しねばりが出るくらいまで20～30回、全体をくるくる回してこねましょう。こねすぎると、かたくしまった食感になってしまいます。

> フライパンに入れたら、裏返すまであまりいじらないこと。表面が焼き固まらないうちに動かすと、フライパンにくっついて形がくずれることがあります。

骨つきチキンのカレー

「市販のルーを使わないカレー」に勇んで挑戦したものの、
どうも味がうまく決まらない…という経験はありませんか?
それは、うま味がたりないせいかもしれません。
このレシピでは、うま味の出やすい骨つき肉を使って、
コク深いカレーに仕上げました。
スパイスもたくさん使う必要はなく、カレー粉だけで充分です。
おいしいカレーには適度な甘さも欠かせませんが、その役を担うのがたまねぎ。
甘味を出しつつ、茶色くなるまで炒めるのは大変ですが、
がんばったかいがあったと思わせる味です。

材料　4人分

- とりもも肉（骨つき・ぶつ切り） …… 500g
- A
  - 薄力粉 …… 大さじ1
  - カレー粉 …… 大さじ½
  - 塩 …… 小さじ¼
  - こしょう …… 少々
- サラダ油 …… 大さじ1
- たまねぎ …… 大1個（300g）
- にんにく …… 1片（10g）
- しょうが …… 1かけ（10g）
- サラダ油 …… 大さじ2
- B
  - 薄力粉 …… 大さじ3
  - カレー粉 …… 大さじ2
- 水 …… 700mℓ
- 固形スープの素 …… 1個
- トマト水煮缶詰（ホール） …… 100g
- 塩 …… 小さじ⅓
- こしょう …… 少々
- 温かいごはん …… 600g

作り方

1人分 **579**kcal ｜ 調理時間 **70**分

① たまねぎ、にんにくはみじん切りにする。しょうがは皮をつけたままみじん切りにする。A、Bはそれぞれ合わせておく。

② 厚手の鍋にサラダ油大さじ2を熱し、たまねぎ、にんにく、しょうが、塩少々（材料外）を入れ、強火で炒める。途中で弱めの中火にし、10〜15分炒めて火を止める。

③ とり肉にAをまぶす。フライパンにサラダ油大さじ1を熱し、とり肉を入れて中火で焼く。途中で裏返し、全体に焼き色をつける。

④ ❷の鍋にBを加えて弱めの中火にかけ、粉気がなくなるまで炒める。分量の水を加え、鍋の底と側面のこげをこそげて混ぜる。とり肉、スープの素を入れる。トマトを汁ごと加え、木べらなどでつぶして、中火にする。

⑤ 沸騰したらアクをとり、ふたを少しずらしてのせる。時々混ぜながら、弱めの中火で30〜35分煮る。塩、こしょうで味をととのえる。

⑥ 器にごはんを盛り、❺をかける。

> **コツ**
> たまねぎは茶色くなるまでしっかり炒めましょう。ただし、こがすと台なしなので、こまめに混ぜるようにします。初めのうちは強火で炒めると、水分が早くとんで時間短縮になります。
> こげやすいので、厚手の鍋が向きます。なければ、フッ素樹脂加工のフライパンで炒めてから、鍋に移してもよいでしょう。

> たまねぎを炒めた際に鍋につく適度な"こげ"は、うま味の元になります。しっかりこそげとりましょう。

メンチカツ

薄切り肉を自分でひき肉にするのが、このメンチカツ最大の特徴です。
市販のひき肉より、かなりあらびきなので、
かむほどにほとばしる肉汁が自慢。
「これがベターホームのメンチカツです!」と胸を張れるおいしさです。
ぜいたくに100％牛肉にしましたが、
好みで豚肉を3〜5割混ぜてもよいでしょう。
包丁で切るのが面倒なら、クッキングカッターを使うか、
買ってきた牛ひき肉で作ってもかまいません。

材料　　2人分

牛切り落とし肉	150g
たまねぎ	¼個（50g）
A　パン粉	カップ¼（10g）
とき卵	大さじ1
塩	小さじ¼
こしょう	少々
薄力粉	大さじ1
B　とき卵	大さじ2
水	小さじ1
パン粉	カップ⅓（15g）
揚げ油	適量
キャベツ	100g
＜ソース＞	
ウスターソース	大さじ1
トマトケチャップ	大さじ½

作り方　　1人分 383kcal｜調理時間 25分

① たまねぎはあらみじんに切る。

② 牛肉は7～8mm角に切る。ソースの材料は合わせる。

③ ボールに牛肉、たまねぎ、Aを合わせ、ねばりが出るまで手で混ぜて、2等分する。手に水少々（材料外）をつけ、まとめながら、手から手に打ちつけるようにして中の空気を抜く。だ円形に整える。

④ Bは合わせる。❸に薄力粉→B→パン粉の順に衣をつけ、片面の中央を軽くぼませる。

⑤ 揚げ油を170℃に熱し、❹を入れ、中火で3～4分揚げる。裏返して、全体によい色がつくまで、さらに3分ほど揚げる。

⑥ キャベツはせん切りにする。水にさらしてパリッとさせ、水気をきる。

⑦ 器にメンチカツとキャベツを盛りつけ、ソースをかける。

コツ

たまねぎは食感をいかしたいので、細かく切らなくても大丈夫。また、生のまま使うことでたまねぎの香りが残り、肉のくさみを消すことができます。

たねを混ぜる際は、まず手で材料をにぎるようにして20回ほど混ぜ合わせ、その後、少しねばりが出るくらいまで20～30回、全体をくるくる回してこねましょう。こねすぎると、かたくしまった食感になってしまいます。

衣は揚げる直前につけると、カラッと仕上がります。

かきフライ

数あるフライの中でも、ひときわ人気のかきフライ。
揚げものは確かに面倒ですが、レシピを読むと「あれ、これだけ？」と思いませんか。
かきフライやえびフライなどは、素材をほぼそのまま揚げるだけなので、
大変なのは衣つけくらいのもの。案外短時間で作れます。
陰の主役は手作りのタルタルソース。
具の存在感があって、市販品とは比べものにならないおいしさです。
余裕があれば、きざんだゆで卵を加えてもよいでしょう。

材料　　2人分

かき（加熱用）	150g
塩・こしょう	各少々
薄力粉	大さじ1強
とき卵	½個分
パン粉	カップ½強（約25g）
揚げ油	適量
レタス	50g
セロリ（あれば）	10g

＜タルタルソース＞

A	マヨネーズ	大さじ2
	きゅうりのピクルス	小1本（6g）
	たまねぎ	10g
	レモン汁	小さじ1
	塩・こしょう	各少々

作り方　　1人分 352kcal ｜ 調理時間 20分

① ＜タルタルソースを作る＞ピクルスとたまねぎはそれぞれあらみじんに切る。Aを合わせる。

② レタスは細切りにする。セロリは筋をとり、細切りにする。合わせて水にさらしてパリッとさせ、水気をきる。

③ かきは塩水（水200㎖＋塩小さじ1・材料外）で洗い、そのあと真水でさらに洗う。ペーパータオルで、水気をよくとる。

④ かきに塩・こしょうをふる。薄力粉→とき卵→パン粉の順に衣をつけ、形を整える。

⑤ 揚げ油を180℃に熱し、かきを入れる。色づいたら上下を返し、全部で2〜3分ほどかけて、色よく揚げる。

⑥ 器にかきフライを盛り、❷を添え、タルタルソースをかける。

コツ

かきは生食用と加熱用があり、生食用のほうが新鮮な感じがしますが、そうともいえません。生食用は菌を排出するためえさを与えられず、そのぶん風味が落ちていることがあります。かきフライは加熱するので、加熱用をおすすめします。

フライは揚げる素材にもよりますが、高めの温度でカリッと揚げるのがコツ。180℃のめやすは、ぬらした菜箸をふいて油に入れたとき、入れた部分の箸全体から、泡が勢いよくワーッと出るくらいです。

ポテトコロッケ

老若男女に愛されるコロッケ。おそうざい屋さんでも常に大人気です。
庶民のおかずの代表ともいうべき料理ですが、
いざ作るとなるとこれがけっこう大変。
手間ひまを考えたらむしろ、
食べる分だけお店で購入するのがよいのかもしれません。
でも、手作りならではのおいしさは、一度味わうと必ずやみつきになります。
アツアツを食べられるのはもちろん、
じゃがいものホクホク感をいかした素朴な味つけは、
不思議と食べ飽きるということがありません。

材料　　2人分

じゃがいも	2個（約300g）
たまねぎ	¼個（50g）
合いびき肉	80g
サラダ油	大さじ½
A ┌ 砂糖	小さじ1
｜ 塩	小さじ⅓
｜ こしょう	少々
└ 水	大さじ2
薄力粉	大さじ2
B ┌ とき卵	½個分
└ 水	大さじ½
パン粉	カップ½強（25g）
揚げ油	適量
レタス（細切り）	50g
＜ソース＞	
ウスターソース	大さじ1
トマトケチャップ	大さじ½

作り方

1人分 **479**kcal ｜ 調理時間（たねをさます時間は除く）**30**分

① じゃがいもは皮をむき、6～8つに切る。水にさらして、水気をきる。たまねぎはみじん切りにする。

② フライパンに油を熱し、たまねぎを加えて、透き通るまで中火で炒める。ひき肉を加え、パラパラになるまで炒める。Aを加え、さらに炒める。

③ 鍋にじゃがいもと水200㎖（材料外）を入れてふたをする。中火で約10分、じゃがいもがやわらかくなるまでゆでる。

④ 鍋の余分な水分を捨て、再び火にかけ、粉をふかせる。火を止め、熱いうちにマッシャーやフォークでつぶす。

⑤ ❹に❷を加えて混ぜる。4等分し、小判形にまとめて、さます。

⑥ Bは合わせる。❺に薄力粉→B→パン粉の順に衣をつける。揚げ油を180℃に熱し、1～2分揚げる。裏返し、全体に色がつくまで揚げる。

⑦ 器にコロッケ、レタスを盛る。ソースの材料を合わせてかける。

コツ

粉がふくほど、じゃがいもの水分をしっかりとばすと、ほっくりと仕上がります。こがさないよう鍋をゆすって、手早く行いましょう。

完全にさめてしまうと形を整えにくくなります。手で触れる程度の熱さになったら、手早くまとめましょう。その後、完全にさまします。たねが温かいうちは、やわらかいため、衣がつけにくいですし、揚げる際にパンクする原因にもなります。

オムライス

最近はドミグラスソースなどがかかった、
しゃれたオムライスを見かけますが、
時々無性に食べたくなるのはやっぱり、
ケチャップとバターをきかせた、昔ながらのこんなオムライスです。
子どもだけではなく、大人に出しても案外よろこばれるもの。
ふわふわ卵と、ラグビーボールのような形がオムライスの特徴ですが、
なにしろ家庭で食べるものですから、あまり構えなくてもOK。
「少しくらい形がくずれても、味には関係ない！」と割りきって、
強火でダイナミックに仕上げましょう。

材料　2人分

ロースハム	50g
たまねぎ	¼個（50g）
マッシュルーム	6〜7個（50g）
サラダ油	大さじ½
温かいごはん	250g
バター	10g
イタリアンパセリ（あれば・飾り用）	少々

A
トマトケチャップ	大さじ3
スープの素	小さじ¼
塩	小さじ¼
こしょう	少々

卵	4個
バター	20g

B
牛乳	大さじ2
塩・こしょう	各少々

C
トマトケチャップ	大さじ1½
白ワイン	大さじ1

作り方

1人分 **594**kcal ｜ 調理時間 **20**分

① ハムは7〜8mm角に切る。たまねぎはみじん切りにする。マッシュルームは石づきをとって、薄切りにする。Aは合わせる。Cは合わせ、電子レンジで約1分（500W）加熱する（ラップなし）。

② フライパンにサラダ油を熱し、たまねぎを炒める。たまねぎが透き通ってきたら、ハムとマッシュルームを加え、軽く炒める。さらに、Aを加え、水分をとばすように炒める。

> **コツ**
> ごはんを加える前に、具にケチャップなどの調味料を加えて炒めておきます。調味料の水っぽさがとれ、ごはんを加えてもベチャッとなりません。うま味も凝縮します。

③ ごはんとバター10gを加えて、ほぐしながら炒める。全体が混ざったらとり出し、フライパンを洗う。

> ごはんは温かいものを使うと、かんたんにほぐれます。冷やごはんを使う場合は、事前に電子レンジで軽く温めましょう。

④ 卵2個を割りほぐし、Bの半量を加えて混ぜる。

⑤ フライパンにバター10gを入れ、中火で溶かして、卵液を流し入れる。強火にし、フライパンを前後にゆすりながら、菜箸で円を描くように混ぜる。半熟になったら弱火にし、底面を少し焼いて火を止める。

> 菜箸で鍋底に円を描くようにしながら、全体を手早く混ぜるのが、ふんわり仕上げるコツ。最後に弱火で底面を少し焼き固めると、ごはんをくるむときに卵が破れにくいですよ。

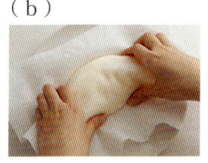

⑥ 中央に❸の半量をのせ、手前側の卵をかぶせて、卵を向こう側の縁にずらす。フライパンの柄を持ちかえ、上下を返すように皿にのせる（a）。形がくずれたら、ペーパータオルで整える（b）。同様にもうひとつ作る。器に盛ってCをかけ、パセリを添える。

（a）　（b）

ポトフ

大きめ野菜と肉がゴロゴロ入って、ボリュームたっぷり！
パンなどを添えれば、それだけでもう立派な献立です。
野菜も肉も、あまり切らずに煮こむので、下ごしらえがラクなのが魅力。
残ったポトフは、トマト水煮缶詰や牛乳をたせば、また趣の違うスープになりますし、
市販のカレールーを加えれば、あっという間にカレーのできあがり。
ひと品で栄養バランスがとれるうえ、このようにアレンジもきくので、
特に忙しい人におすすめの料理です。

材料　4人分

豚肩ロース肉（かたまり）	400g
塩	大さじ1
たまねぎ	2個（400g）
にんじん	1本
セロリ（筋をとる）	½本
じゃがいも	2個（300g）
キャベツ	⅓個（500g）
かぶ	小4個（300g）

A〔水	1.2ℓ
固形スープの素	1個〕
粒マスタード	適量
塩・黒こしょう	各少々
＜ブーケガルニ＞	
ローリエ	1枚
パセリの枝	1枝
セロリの葉・小枝	適量

作り方

1人分 **367** kcal ｜ 調理時間 **100**分

① 豚肉は4～5cm角に切り、塩大さじ1をもみこんで、10分ほどおく。熱湯に入れ、表面が白くなる程度にゆでて、とり出す。

② ブーケガルニの材料は、ばらばらにならないよう、たこ糸でしばるか（a）、お茶用パックに詰める。

③ 深めの鍋に豚肉、A、ブーケガルニを入れ、強火にかける。沸騰したらアクをとって、弱火にする。ふたを少しずらしてのせ、1時間ほど煮る。

④ 野菜はそれぞれ、大ぶりに切る（1個を2～4等分）。じゃがいもは水にさらして、水気をきる。

⑤ ❸にたまねぎ、にんじん、セロリを加えて10分ほど煮る。じゃがいも、キャベツを加え、さらに10分ほど煮る。かぶを加え、5～6分煮たら、塩・こしょう各少々（材料外）で味をととのえる。

⑥ 器に盛り、塩・黒こしょうをふり、粒マスタードを添える。

> **コツ**
> ブーケガルニは香草の束。加えることで、よい風味がつきます。ない材料は省いてもかまいませんが、なるべくローリエは加えましょう。それだけでも香りがつきます。

（a）

> 野菜によって火の通りが異なるので、時間差で加えましょう。特に、かぶは煮くずれしやすいので注意します。

パエリア

代表的なスペイン料理ですが、米を使うからでしょうか、
日本でもすんなり浸透したように思います。
日本でごはんを炊くときと違い、あえて米に芯を残して
かために仕上げるのがパエリアの特徴です。
鍋底にできるおこげは、スペインでは「ソカレット」と呼ばれ
珍重されているとのことですが、カリカリと香ばしくて、
なるほど奪い合って食べたくなるおいしさ!
専用のパエリア鍋がある家はあまり多くないと思いますので、
その場合はフライパンやホットプレートで作ってください。

材料　　4人分

米	米用カップ2（360㎖・300g）
えび（有頭・殻つき）	4尾（約150g）
とりもも肉	小1枚（200g）
にんにく（みじん切り）	1片（10g）
たまねぎ（みじん切り）	½個（100g）
ピーマン（ひと口大に切る）	2個
パプリカ（赤・ひと口大に切る）	70g
トマト水煮缶詰	½缶（200g）
オリーブ油	大さじ3

A	サフラン*	小さじ½
	水	50㎖
B	あさり（砂抜きずみのもの）	8個
	白ワイン	大さじ2
C	スープの素	小さじ1
	塩	小さじ½
	レモン（くし形切り）	½個
	イタリアンパセリ（葉をつむ）	1枝

＊サフランを省いても作れる。ただし、独特の香りと、きれいな黄色はつかない。サフランを加えない場合も、Aの水は加える。

作り方

1人分 **496** kcal　｜　調理時間 **45** 分

① えびは足と背わたをとる。とり肉はひと口大に切り、塩小さじ⅓、こしょう少々（ともに材料外）をもみこむ。

② Aは合わせる。あさりは殻と殻をこすって洗う。Bを鍋に入れて火にかける。ふたをして蒸し煮にし、口が開いたら火を止め、蒸し汁もとりおく。

③ AにBの蒸し汁と水をたして400㎖にし、鍋に入れる。Cを加えて温めておく。

④ パエリア鍋（またはフライパン）を中火で熱し、オリーブ油大さじ½を入れ、ピーマン、パプリカを炒める。油がまわったらとり出す。オリーブ油大さじ1½をたし、えび、とり肉に焼き色をつけて、とり出す。

⑤ 弱火にし、オリーブ油大さじ1をたし、にんにく、たまねぎを加えて炒める。たまねぎがしんなりしたら、米を加えて中火にし、米が半透明になるまで炒める。トマトを汁ごと加え、つぶしながら炒める。

⑥ ⑤の火を止める。③のスープを加え、再び強火にかける。沸騰後3～4分して水分が少なくなってきたら弱火にし、④をのせる。アルミホイルでぴったりふたをして、17～18分加熱する。あさりを加えて火を止め、2～3分蒸らす。レモンとパセリをのせる。

> **コツ**
>
> これが米を炊くスープになります。熱い状態で米と合わせたほうが、均一にパラリと炊きあがるので、直前まで温めておきましょう。

> パエリア鍋は鉄製なので、こげつくことがあります。使う前に「油ならし」（鍋を熱して、サラダ油大さじ2を入れて、弱火で2～3分温める。油をあけ、残った油をふきとる）をするとよいでしょう。

> パエリアを作るときは、米はとがずに、そのまま使います。といでしまうと、でんぷんのねばりが出て、口当たりが悪くなることがあります。

※ ホットプレートで作る場合

③までは同じ。④でホットプレートを約180℃に熱して具材を炒め、⑤まで同様に作る。⑥でホットプレートのふたをしたら160℃に下げて5分加熱し、さらに120℃に下げて15～20分加熱する。

121

ロールキャベツ

キャベツのおいしくなる季節に、
一度は作りたくなる料理ではないでしょうか。
ほかほか湯気に、食欲をそそる香りが、
いかにも幸せな家庭をほうふつさせます。
肉のうま味をとじこめつつ、形もきれいに保ったまま
煮るためにはいくつかポイントがあるので、
ひとつひとつのプロセスをていねいに行うのがコツ。
じっくり煮こむことで、キャベツの甘味を引き出しましょう。
手間をかけただけの価値ある仕上がりで、
スープまで全部残さず食べたくなります。

材料　　2人分

- キャベツ —————— 300〜350g
- A
  - 合いびき肉 —————— 150g
  - たまねぎ —————— ¼個（50g）
  - パン粉 —————— カップ¼（10g）
  - 牛乳 —————— 大さじ1
  - とき卵 —————— ½個分
  - 塩 —————— 小さじ¼
  - こしょう —————— 少々
  - ナツメグ —————— 少々
- ベーコン —————— 1枚
- B
  - 水 —————— 250ml
  - トマト水煮缶詰（ホール）—— 100g
  - 固形スープの素 —————— ½個
  - 白ワイン —————— 大さじ1
  - ローリエ —————— 1枚
  - 塩・こしょう —————— 各少々

作り方

1人分 **305** kcal ｜ 調理時間 **50**分

① キャベツは葉を1枚ずつ破らないようにはがし、洗う。たっぷりの湯を沸かし、しんなりする程度にゆでる。ざるに広げてさまし、芯の厚い部分をそぎとる（a）。

② キャベツの葉を広げ、大小組み合わせて4組作る。

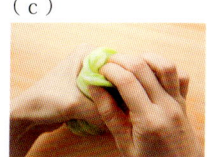

③ たまねぎはみじん切りにする。キャベツの芯の⅓量はみじん切りにする（残りの⅔は❻で一緒に鍋に加えて煮るとよい）。ベーコンは4〜5cm長さに切る。トマトは汁ごとボールに入れ、木べらや泡立器でざっとつぶす。

④ ボールにAとみじん切りにしたキャベツの芯を合わせ、ねばりが出るまで手で混ぜる。4等分し、俵形に丸める。

⑤ 葉の手前中央に、❹の具をのせる。手前、片側の葉の順に折りこんで巻く（b）。残りの片側の葉を具に押しこむようにして、形を整える（c）。

⑥ ロールキャベツの巻き終わりを下にして鍋に並べ、ベーコン、Bを加える。

⑦ 強火にかけ、沸騰したらアクをとり、落としぶたとふたをする。弱火にし、約30分煮こむ。器にベーコンを敷き、ロールキャベツを盛って、スープをそそぐ。

コツ

片側の葉は最後に押しこむようにすると、ようじでとめなくてもほどけません。ただし、巻きがゆるいとほどけやすいので、最初のひと巻きからきっちり包みましょう。

なるべく鍋にすき間ができないように並べると、形を保ったまま煮ることができます。すき間ができた場合は、残ったキャベツの芯や葉などでふさぐといいですよ。

チーズときのこの牛肉包み

まるでレストランで出るような、しゃれたひと品。
おしゃれな見た目に、「どんな料理なのかしら？」と、
食べる前から期待感が高まります。
中を開くと、たっぷりのきのこと、チーズがとろり。
再び歓声が上がります。
お手ごろな薄切り肉を使っているので、見た目に反して実は安上がり。
ステーキの半分の値段で、ステーキの２倍よろこばれる料理です。
箸では食べにくいので、きちんとフォークとナイフを用意しましょう。
またぐっと、よそゆき感が演出されます。

材料　　　　　　　　2人分

牛薄切り肉（ももなど）	2枚（100g）
塩・こしょう	各少々
きのこ（エリンギ、しいたけなど）	50g
カマンベールチーズ*	40g
薄力粉	大さじ½
オリーブ油	大さじ½
ミニトマト	4個
パプリカ（黄）	⅙個（30g）
イタリアンパセリ	少々

<バルサミコソース>

A	バルサミコ	大さじ1½
	白ワイン	大さじ1½
	スープの素	小さじ⅙
	水	大さじ2
	しょうゆ	小さじ1

*モッツァレラチーズ（水に浮いていないタイプのもの）や、ゴーダチーズでも。

作り方　　　1人分 **230**kcal｜調理時間 **25**分

① 牛肉を広げて、塩・こしょうをふる。

② きのこは4cm長さ、6～7mm厚さに切る。チーズは4cm長さの薄切りにする。それぞれを2等分する。

③ 牛肉にチーズときのこをのせて手前、左右の順に折り、巻いて包む（a）。まわりに薄力粉を茶こしでふる。

④ ミニトマトはへたをとって、4つ割りにする。パプリカは1cm角に切る。Aは合わせる。

⑤ フライパンにオリーブ油を熱し、❸を表になるほうを下にして入れ、中火で焼く。焼き色がついたら裏返し、ふたをして2～3分焼く。

⑥ ❺にAを加え、煮汁をスプーンですくって肉にかけながら、からめる。煮汁が大さじ2～3残る程度になったら、火を止める。

⑦ 器に肉を盛る。フライパンに残った煮汁に❹を加え、少し煮つめる。肉にかけ、パセリを飾る。

> **コツ**
> 牛肉はもも肉など脂肪が少なく、面積の大きいものを使うときれいに包めます。大きさがたりなければ、20×12cmくらいになるよう、肉と肉の端を少し重ねながら（チーズがもれないようにするため）、何枚かをはぎ合わせてもかまいません。

(a)

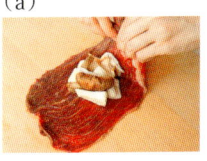

> 肉は加熱しすぎるとかたくなるので、ソースを煮つめる前にとり出しておきましょう。

マカロニえびグラタン

今でこそ、ペンネやフジッリなど、いろいろな形のショートパスタがありますが、
昔はせいぜいマカロニくらいのものでした。
そして、マカロニを使った料理の代表格が、このマカロニグラタン。
まだ洋食が当たり前ではなかったころ、
見慣れぬマカロニグラタンなる料理は、ちょっと特別な感じがしたもの。
今、改めて食べると、「懐かしいなあ」と、
頬がゆるんでしまう人も多いのではないでしょうか。
おいしいグラタン作りの秘訣は、なめらかなホワイトソース。
ポイントさえおさえれば、絶対に失敗なく作れます。

材料　2人分

えび（無頭・殻つき）	6尾（約100g）
たまねぎ	80g
マッシュルーム	3個（20g）
バター	10g
マカロニ	50g
A　湯	600mℓ
A　塩	小さじ½
B　ピザ用チーズ	40g
B　パン粉	少々
＜ホワイトソース＞	
バター	30g
薄力粉	大さじ2
牛乳	300mℓ
C　塩	小さじ⅙
C　こしょう	少々

作り方

1人分 **488** kcal ｜ 調理時間 **40**分

① Aを合わせて沸かし、マカロニを入れて、表示どおりにゆでる。ざるにとり、水気をきる。

② たまねぎは薄切りにする。マッシュルームは石づきをとって、3〜4mm厚さに切る。えびは殻をむき、背わたをとって、3〜4等分に切る。

③ フライパンにバター10gを溶かし、たまねぎを強火でしんなりするまで炒める。中火にしてえびを加え、色が変わったらマッシュルームを加えて炒める。塩・こしょう各少々（材料外）で調味する。マカロニを加えて混ぜる。

④ ＜ホワイトソースを作る＞厚手の鍋にバター30gを入れ、弱火にかける。バターが溶けたら薄力粉を入れ、木べらで混ぜながら、こがさないように炒める。泡が細かくなり、サラッとしてきたら（a）、火を止める。

⑤ 牛乳の約半量を加えて混ぜ、よく混ざったら残りの牛乳を加えて混ぜる。再び中火にかけ、沸騰したら弱火にし、木べらで鍋底をこするように混ぜながら3分ほど煮る。鍋底をこすり、あとが残るようになったら（b）、火を止める。Cで調味し、⅓量をとり分ける。

⑥ 残りのホワイトソースに❸を加えて混ぜ、グラタン皿に等分に入れる。とり分けておいたホワイトソースをかけ、Bをふる。210℃（ガスオーブン200℃）に予熱したオーブンで、焼き色がつくまで15分ほど焼く。

コツ

薄力粉の炒め方がたりないと、粉くささが残り、なめらかさにも欠けてしまいます。しっかり、でもこがさないように、鍋底をこするように2〜3分炒めましょう。こげると仕上がりが茶色っぽくなります。

牛乳を入れる前には、いったん火を止めましょう。牛乳は冷蔵庫から出したての冷たいもののほうがよく混ざります。
もしできあがったときにダマができていても、熱いうちに泡立て器で勢いよく混ぜると、なめらかになります。それでもダマが残るようなら、万能こし器などでこしましょう。

スパゲティ・トマトソース

トマトソースはイタリアのマンマの味。
パスタのいちばんおいしい食べ方といっても、過言ではないと思います。
トマトソースは肉・魚のソテーやオムレツのソースにしたり、
パンに塗ってもおいしいので、多めに作って、冷凍しておいてもよいでしょう。
トマトの水煮缶詰は1年中味が安定しているうえ、
値段も安いので、いくつか常備しておくと重宝します。
もちろん夏の盛りのころなら、生のトマトを湯むきして使っても。
缶詰とはまた違った、素朴でみずみずしい味わいに仕上がります。

材料　2人分（トマトソースは2～3人分）

たまねぎ	¼個（50g）
にんにく	小1片（5g）
オリーブ油	大さじ2
トマト水煮缶詰	1缶（400g）
A［ ローリエ	1枚
バジルの葉（生・あれば）	1枝
塩	小さじ½
スパゲティ	160g
B［ 湯	2ℓ
塩	大さじ1強
バジルの葉（飾り用・生・あれば）少々	

作り方　（トマトソースを3人分として）1人分 447kcal ｜ 調理時間 35分

① たまねぎ、にんにくは、みじん切りにする。トマトは汁ごとボールに入れ、木べらや泡立器でざっとつぶす。

コツ　余裕があれば、万能こし器でこすと、なめらかなソースになります。

② 厚手の鍋にオリーブ油とにんにくを入れ、弱火で炒める。香りが出てきたら、たまねぎを加えて中火にし、薄く色づくまで炒める。

にんにくがこげないよう、鍋にオリーブ油とにんにくを入れてから火をつけましょう。

③ ❷にトマトを汁ごと入れ、Aと塩小さじ½を加えて混ぜる。ふたをしないで、時々混ぜながら、弱火で15～20分煮る。木べらで鍋底をこすり、あとが残るようになったら、Aをとり出す。

缶詰によっては、少しトマトの酸味が強い場合も。そんなときは、砂糖をひとつまみ加えると、まろやかになりますよ。

④ Bを合わせて沸かし、スパゲティを表示どおりにゆでる。器に盛り、❸の⅔～全量をかけて、バジルを飾る。

※トマトソースは冷凍保存も可能（約3週間）。パスタに使うときは、ベーコン（細切り）やツナ、オリーブ、赤とうがらしなど、ほかの具材を加えると、目先が変わって楽しめます。

アレンジ例：ボンゴレロッソ

あさり200g（砂抜きずみのもの）と白ワイン大さじ2を鍋に入れ、弱めの中火にかける。あさりの口が開いたら、トマトソースの⅔～全量を加える。スパゲティ160gをゆでて、ソースに加えて、あえる。

フライパンローストビーフ

クリスマスやお正月にぴったりの料理。
肉の下味はごくうすくし、めいめいが好みのソースや
調味料をつけて食べるスタイルなので、おもてなしにも向きます。
牛のかたまり肉はわりと高価なので、調理するのは少し勇気がいりますが、
気負いは一切必要ありません。
通常はオーブンを使いますが、
より手軽に作れるようフライパンで作る方法にしました。
さらに、たこ糸でしばって形を整えるときれいに仕上がりますが、
家庭料理と割りきってそれも省略。
かなりチャレンジしやすいレシピになっています。

材料　3〜4人分

牛もも肉（かたまり）	300 g
塩	小さじ ½
こしょう	少々
サラダ油	小さじ 1
A　赤ワイン	50 ㎖
水	50 ㎖
にんにく（すりおろす）	少々
しょうゆ	大さじ 1
砂糖	小さじ ¼
ブロッコリー	100 g
B　水	50 ㎖
塩	少々
練りわさび、ゆずこしょう、粒マスタードなど、好みのもの	適量

作り方　(4人分として)1人分 **184** kcal　｜　調理時間（肉を室温にもどす・あら熱をとる時間は除く）**15**分

① 肉は調理を始める1時間ほど前に冷蔵庫から出し、室温にもどす。

② 肉に塩小さじ½、こしょう少々をもみこむ。

③ 深めのフライパンにサラダ油を熱して肉を入れ、強めの中火で全面に焼き色をつける。

④ ❸にAを加え、煮立ったら弱火にする。ふたをして7〜8分煮る（途中で1回上下を返す）。

⑤ 肉を皿にとり出し、アルミホイルをふんわりとかぶせる。30分ほどおいてあら熱をとる。フライパンに残った煮汁は器に入れる（ソース）。

⑥ ブロッコリーは小房に分ける。鍋にBを合わせて、ブロッコリーを加えて中火にかける。ふたをして1〜2分蒸し煮にして、ざるにとる。

⑦ 肉のあら熱がとれたら、5㎜厚さに切る。器に盛り、ブロッコリーを添え、ソースとわさびなどをつけて食べる。

コツ

冷蔵庫から出したての冷たいかたまり肉を調理すると、中心部まで火を通すのに時間がかかり、周囲が焼きすぎになってしまいます。

先に表面を焼き固めると、あとから煮る際に肉汁が逃げ出しにくくなります。ただし、焼きすぎるとかたくなるので注意しましょう。

ホイルをかぶせておくと、肉汁がとどまって、ジューシーに仕上がります。

熱いうちに切ると、せっかくの肉汁が大量に逃げ出してしまいます。火からおろして30分程度はおくようにしましょう。

ドライカレー

おなじみのカレーも、ドライカレーにすると、また趣が変わって新鮮。
材料を細かく切るのが少し大変ですが、
そのぶん煮こみ時間は15分程度ですむので、
ふつうのカレーよりも短時間で作れます。
じゃがいもなどのいも類が入っておらず、
冷凍しても味が変わりにくいので、多めに作っておくと便利。
特に子どもは絶対によろこぶので、
これにサラダでも添えれば文句は出ないはず。
「帰りが遅くなっちゃったけど、アレがあるから大丈夫ね」と、
ドライカレーに助けられる機会は、きっと少なくないと思います。

材料　3〜4人分

合いびき肉	200g
A ┌ たまねぎ	¾個（150g）
├ にんにく	1片（10g）
└ しょうが	1かけ（10g）
B ┌ にんじん	¼本（50g）
├ セロリ	½本（50g）
├ りんご	¼個（50g）
└ パプリカ（赤）	⅓個（50g）
バター	10g
カレー粉	大さじ2
C ┌ 赤ワイン	50㎖
├ トマト水煮缶詰	½缶（200g）
├ 固形スープの素	1個
└ ローリエ	1枚
パセリのみじん切り	少々

＜ターメリックライス*＞

米	米用カップ2（360㎖・300g）
水	360㎖
スープの素	小さじ1
ターメリック	小さじ1
バター	10g

＊ふつうの白いごはんでもよい（めやす分量：1人分＝約160g）。

作り方　（4人分として）1人分 468 kcal ｜ 調理時間（米の浸水・炊飯時間は除く）40分

① ＜ターメリックライスを作る＞
　1．米はとぎ、分量の水を加えて30分以上つける。
　2．スープの素、ターメリック、バターを加えてざっと混ぜ、炊飯器でふつうに炊く。

② たまねぎ、にんにく、しょうが、にんじん、セロリは、それぞれみじん切りにする。りんごは皮をむき、3㎜角に切る。パプリカも3㎜角に切る。

③ 厚手の鍋にバターを溶かし、Aを中火で10分ほど炒める。Bを加え、野菜がしんなりするまで炒める。

④ ❸にひき肉を加え、パラパラになるまで炒める。カレー粉を加え、香りが出るまで炒める。

⑤ ❹にCを加え、トマトを木べらなどでざっとつぶす。ふたをしないで弱火で15分ほど煮る。塩・こしょう各少々（材料外）で味をととのえる。

⑥ 器に❶を盛り、❺をかけ、パセリをふる。

> **コツ**
> ひき肉はパラパラになり、軽く焼き色がつく程度まで炒めると、肉のくさみが抜けます。

ローストチキン　ローズマリー風味

オーブン料理は敷居が高いように思いますが、
コンロのようにずっとそばについていなくてもいいので、むしろラクかもしれません。
この料理も、素材をほぼそのまま、オーブンで焼くだけ。
見栄えがするわりにかんたんなので、
おもてなしのときはもちろん、ふだんの夕飯にもおすすめ。
「ごちそうだ！」とよろこばれること間違いなしです。
骨つきのもも肉はクリスマス時期以外は手に入りにくいことも。
その場合は、骨つきのぶつ切り肉や、ふつうのもも肉でも作れます。

材料　2人分

とりもも肉（骨つき）……2本（400〜500g）

A
- 塩 …………………………… 小さじ2/3
- こしょう ……………………… 少々
- 白ワイン ……………………… 大さじ1
- にんにく（みじん切り）……1片（10g）
- オリーブ油 …………………… 大さじ2
- ローズマリー（生）…………… 3枝
- ローリエ（2つにちぎる）……… 1枚

B
- たまねぎ ……………… 小1個（150g）
- 新じゃがいも ………… 4個（280g）
- にんにく（皮つき）…… 小3片（15g）

塩・こしょう ……………………… 各少々
ローズマリー（生・飾り用）……… 2枝

作り方　1人分 616kcal　調理時間（とり肉に下味をつける時間は除く）50分

① とり肉は骨に添って切りこみを入れる。Aのローズマリーは、葉をつみとる。

② とり肉にAをもみこみ、30分以上おく。

③ たまねぎと新じゃがは皮つきのままよく洗う。たまねぎは皮をつけたまま4等分する。

④ オーブン皿にオーブンシートを敷き、とり肉（汁気をきる）、Bをのせる。とり肉にAのローズマリーとローリエをのせ、Bに塩・こしょう各少々をふる。

⑤ 220〜230℃（ガスオーブン210〜220℃）に予熱したオーブンで20分ほど焼く。たまねぎと新じゃがを裏返し、飾り用のローズマリーをのせて、さらに8〜10分焼く。

コツ

骨つき肉は火が通りにくいので、皮を下にして切りこみを入れておくとよいでしょう。味のしみこみもよくなります。

前夜か当日の朝に下味をつけるところまですませておき、冷蔵庫に入れておいてもよいでしょう（この段階での冷凍も可能です）。ただし、下味をつけてすぐに焼く場合は、冷蔵庫ではなく常温においたほうが、よく味がしみます。

表面をパリッと焼きたいので、とり肉は裏返しません。生焼けが不安なときは、竹串を使うのが確実。身の厚い部分に刺し、透明で澄んだ汁が出てくれば完成です。

ラタトゥイユ

夏の洋風おかずとして、
今ではすっかり定着したラタトゥイユ。
何しろ野菜をたっぷり摂れるので、
バテがちな夏をのりきるのにピッタリのひと品。
できたてもさることながら、冷蔵庫で冷やしたラタトゥイユも、
味が一段となじんで、またおいしいものです。
パスタとからめたり、トーストにのせたり、肉や魚のソテーのソースにしたりと、
アレンジがきくのもラタトゥイユの魅力のひとつ。
冷蔵庫で2〜3日もつので、夏の定番常備菜にどうぞ。

材料　　　　　　　　4人分

なす	2個（約150g）
ズッキーニ	1本（150g）
パプリカ（赤）	½個（80g）
かぼちゃ	200g
たまねぎ	½個（100g）
にんにく	1片（10g）
オリーブ油	大さじ2

A	トマト水煮缶詰	½缶（200g）
	白ワイン	大さじ2
	ローリエ	1枚
	塩	小さじ½
	こしょう	少々
レモン汁		大さじ½

作り方　　　　　1人分 **137** kcal ｜ 調理時間 **35** 分

① なすは1.5cm厚さの輪切り、ズッキーニは1.5cm厚さの半月切りにする。

② パプリカは長さを半分にし、2cm幅に切る。かぼちゃとたまねぎは2cm角に切る。にんにくはみじん切りにする。

③ 厚手の鍋にオリーブ油を入れ、にんにく、たまねぎを中火で炒める。しんなりしたら、なす、ズッキーニ、パプリカ、かぼちゃを加えてさらに炒める。

④ Aを加え、トマトを木べらなどでざっとつぶす。ふたをして弱火で約20分蒸し煮にする（途中で1〜2回混ぜる）。レモン汁を加えて火を止める。

> **コツ**
> 野菜全体に油がなじみ、鍋の底や側面がうっすら色づくくらいがめやす。ラタトゥイユには野菜しか入りませんが、しっかり炒めることで、うま味やコクが出ます。

> 水は加えず、弱火でじっくり野菜の水分を引き出します。時々混ぜて、こがさないよう注意しましょう。

マッシュルームとほうれんそうのキッシュ

人をもてなすとき、逆におよばれしたときなどのために、
ひとつくらいは見栄えのする料理を習得しておきたいもの。
ならばキッシュがおすすめです。
皮から手作りしようと思うと骨が折れますが、
パイシートを使えば、お菓子づくりのように難しかったり、
面倒くさかったりということはありません。
見栄えがし、さめてもおいしく、持ち運びしやすく、
甘いものがにが手な人でも大丈夫…と、いいことずくめ。
さめたキッシュは、直前に160℃のオーブンで10分ほど温めると、
おいしく食べられます。

材料　直径22cmのタルト型1台分

ほうれんそう	100g
マッシュルーム	1パック（100g）
たまねぎ	½個（100g）
ベーコン	50g
バター	10g
A ┌ 塩	小さじ¼
└ こしょう	少々
卵	2個
B ┌ 生クリーム	100mℓ
│ 粉チーズ	大さじ2
│ 塩	小さじ⅙
│ こしょう	少々
└ ナツメグ	少々
冷凍パイシート	2枚（約200g）
卵黄	少々
手粉（あれば強力粉。薄力粉でも）	適量

作り方　(8人分として)1人分 **222** kcal ｜ 調理時間（パイシートの解凍時間は除く） **60** 分

① パイシートは冷蔵庫（または室温）で半解凍の状態にする。台に手粉をふって、パイシート2枚を端を少し重ねてつぎ合わせて並べ（a）、めん棒で約25cm角にのばす（b）。タルト型に敷き（c）、余った生地は切りとって、底にフォークで穴をあける。クッキングシートをのせ、タルト用の重石を入れる（または型よりひとまわり小さい、丸い調理皿などを直接のせて、重石がわりにしてもよい・d）。

② ❶を210℃（ガスオーブン200℃）に予熱したオーブンで15分焼く。重石とクッキングシートをはずし、底面にはけで卵黄を塗って、さらに5分焼く。あら熱をとる。

③ ほうれんそうはさっとゆで、水にとって、水気をしぼり、3cm長さに切る。マッシュルームは石づきをとって、3〜4mm厚さに切る。たまねぎは薄切りにする。ベーコンは1cm幅に切る。

④ フライパンにバターを溶かし、たまねぎ、ベーコンを加え、しんなりするまで炒める。ほうれんそう、マッシュルームを加えて軽く炒め、Aで調味する。

⑤ 卵をときほぐし、Bを加えて混ぜる。❹を加えてざっと混ぜ、❷に流し入れて、200℃（ガスオーブン190℃）に予熱したオーブンで20分ほど焼く。

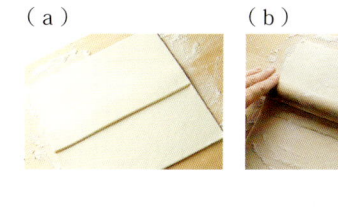

コツ
初めにパイシートだけで焼いておくと、香ばしく仕上がります。卵黄を塗るのはやはり香ばしく仕上げるために、キッシュの中身の水分がパイに浸透するのをある程度防ぐことができます。

シーザーサラダ

日本に登場するや否や、
あっという間に定番となったサラダ。
特に若い人に人気のようです。
シャキッとしたレタスと、カリカリに焼けたパンの
食感が好対照で、何度でも食べたくなります。
ロメインレタスで作るのが本来ですが、
サニーレタスやふつうのレタスでもかまいません。

材料　2〜3人分

ロメインレタス	100g
フランスパン	30g
パルミジャーノ・レッジャーノ*	適量

＊粉チーズで代用可。仕上げに直接ふりかける。

＜ドレッシング＞

アンチョビ	1枚（5g）
にんにく（すりおろす）	少々
マヨネーズ	大さじ1
レモン汁（または酢）	大さじ1
オリーブ油	大さじ½
塩・こしょう	各少々

作り方　（3人分として）1人分 100kcal ｜ 調理時間 10分

① フランスパンは太さを半分に切り、5mm厚さに切る。オーブントースターなどで2〜3分焼く。

② ロメインレタスは縦半分に切り、4〜5cm長さに切る。水にさらしてパリッとさせ、水気をきる。アンチョビはみじん切りにする。

③ ドレッシングの材料を順に混ぜ合わせる。

④ パン、レタスをドレッシングであえる。器に盛り、パルミジャーノを皮むき器などで薄くけずって散らす。黒こしょう少々（材料外）をふる。

コツ

ロメインレタスに、水気が残っていると、味がうすまっくしまうので、水きりはしっかり行いましょう。少し大ぶりに切ったほうが、歯ごたえを楽しめますよ。

ドレッシングは、食べる直前にあえましょう。あえてから時間がたつと、野菜から水気が出て、しんなりしてしまいます。

クラムチャウダー

具だくさんの、いわゆる「食べるスープ」。
ファーストフード店などでも人気です。
あさりのうま味が、牛乳ベースの
やさしいスープに溶け出し、奥深い味に。
とろみがあるので、体が芯から温まります。
季節や好みによっては、
とろみの元となる小麦粉を省いて、
サラリとしたスープにしてもいいですよ。

材料　2人分

あさり（砂抜きずみのもの）	200g
じゃがいも	100g
たまねぎ	¼個（50g）
にんじん	30g
ベーコン	1枚
バター	10g
薄力粉	大さじ½
A 　水	150mℓ
スープの素	小さじ¼
牛乳	100mℓ
塩・こしょう	各少々
パセリのみじん切り	少々

作り方
1人分 **165**kcal ｜ 調理時間 **25**分

① あさりは殻をこすり合わせてよく洗う。水気をきる。

② じゃがいもは皮をむき、7〜8mm角に切る。水にさらして、水気をきる。

③ たまねぎ、にんじんは5mm角に切る。ベーコンは5〜6mm幅に切る。

④ 鍋にバターを溶かし、❷と❸を中火で炒める。

⑤ たまねぎが透き通ってきたら薄力粉を加えて、こがさないように30秒ほど炒める。Aを加えてよく混ぜる。沸騰したらアクをとり、ふたをして7〜8分煮る。

⑥ 野菜がやわらかくなったら、あさりを加えて再びふたをし、口が開くまで煮る。牛乳を加えてひと煮立ちさせ、塩・こしょうで味をととのえる。器に盛り、パセリをふる。

> **コツ**
> サラリとしたスープにしたい場合は、ここの薄力粉を省きましょう。あとの作り方は同じです。

> あさりは、身がかたくしまるのを防ぐため、煮すぎないこと。口が開くまで火を通せば充分です。

白身魚のカルパッチョ

カルパッチョが、元は牛肉を使った料理だと聞いて
驚く人も多いのではないでしょうか。
生の牛肉に白いソースをかけた色彩がイタリアの画家、
ヴィットーレ・カルパッチョの作風と似ていた
ことからその名がついたといわれています。
日本では魚介の料理として
すっかりおなじみとなりました。
おしゃれで、気が利いているので、
おもてなしなどでふるまうと、
いかにも「料理上手な人」という雰囲気が出せますよ。

材料　4人分

白身魚（たいなど、刺身用さく）	200g
塩・こしょう	各少々
レタス	2枚
たまねぎ	¼個（50g）
にんじん	10g
ベビーリーフ	少々

	レモン汁	大さじ2
A	しょうゆ	小さじ1
	オリーブ油	大さじ2

作り方

1人分 **140**kcal　｜　調理時間 **10**分

① 白身魚は薄いそぎ切りにする。

② レタスは細切りにする。たまねぎは薄切りにし、水にさらして、水気をきる。にんじんはせん切りにする。ベビーリーフはよく洗って、水気をきる。Aは合わせる。

③ 皿に❶を並べ、塩・こしょうをふる。野菜類を添えるか、上にのせて、Aをかける。

コツ

白身魚は、切る前に少し冷凍庫に入れてかたくしておくと、薄くきれいにそぎ切りにできます。

カルパッチョは冷たいほうがおいしいので、②まですませたら食べる直前まで、それぞれ冷蔵庫に入れておきましょう。

にんじんのポタージュ

にんじんをたっぷり使っていますが、
独特の青くささはまったく残りません。
ミキサーがない場合は、万能こし器でも作れます。
また、マッシャーやフォークなどで、
煮たにんじんをつぶすだけでもOK。
なめらかさには欠けますが、野菜の存在感が出て、
これはこれでおいしいもの。
夏は冷蔵庫でキンと冷やして、
冷製ポタージュにするのもおすすめです。

材料　4人分

にんじん*	1本（200g）
たまねぎ（薄切り）	½個（100g）
バター	15g
薄力粉	大さじ1
A　水	300mℓ
固形スープの素	1個
牛乳	300mℓ
塩	小さじ⅙
こしょう	少々

＊とうもろこし、かぼちゃ、じゃがいもなどでも同様に作れます。ただし、じゃがいもで作る場合は、薄力粉は不要です。

作り方

1人分 **105**kcal ｜ 調理時間（あら熱をとる時間は除く）**20**分

① にんじんは薄いいちょう切りにする。

② 厚手の鍋にバターを溶かし、にんじん、たまねぎを入れて、弱めの中火で2～3分炒める。薄力粉を加えて弱火にし、30秒ほど炒める。

③ Aを加えて中火にし、沸騰したらアクをとる。ふたをして弱火で13～15分、にんじんがやわらかくなるまで煮る。あら熱をとる。

④ ❸をミキサーに1分ほどかける。鍋に戻し、牛乳を加えて温めて、塩、こしょうで味をととのえる。

コツ

薄力粉はポタージュのとろみの元。炒めることで、粉くささをとります。こがさないよう弱火にし、鍋底をこするように炒めましょう。

牛乳は鍋に直接加えず、空になったミキサーに入れて数秒かけ、まわりのピューレを落とします。ミキサーを洗うのもラク。ミキサーにかけた状態（ピューレ）で冷凍しておいても便利。自然解凍し、牛乳を加えるだけで、ポタージュができあがります。

ポテトサラダ

昔から愛され続ける定番の味。
サラダですが、じゃがいものボリュームで
食べごたえがあるため、食卓にあると
ちょっとテンションが上がります。
ハムやコーンを加えたり、
時にはりんごが入っていたりと、
それぞれの家庭の味があると思いますが、
こんなシンプルなレシピが
意外とよろこばれるものです。

材料　　2人分

じゃがいも	2個（300g）
A　塩	小さじ⅛
こしょう	少々
酢	大さじ½
にんじん	¼本（50g）
きゅうり	½本
塩	小さじ⅛
たまねぎ	30g
塩	小さじ⅛
マヨネーズ	大さじ2
練りがらし	小さじ¼
塩・こしょう	各少々
サラダ菜（あれば）	6枚

作り方　　1人分 180kcal ｜ 調理時間（じゃがいもをさます時間は除く）20分

① じゃがいもは皮をむき、2cm角に切る。水にさらして、水気をきる。にんじんは縦に4つ割りにする。

② 鍋にじゃがいも、にんじんを入れ、かぶるくらいの水を加えて、ふたをして10分ほどゆでる。途中、にんじんがやわらかくなったらとり出し、2〜3mm厚さのいちょう切りにする。じゃがいもがやわらかくなったらふたをとり、余分な水気をとばす。じゃがいもをボールに移し、熱いうちにマッシャーなどでつぶす。Aを加えて混ぜ、そのままさます。

③ きゅうりは1〜2mm厚さの小口切りにする。塩小さじ⅛をふって軽く混ぜ、5〜10分おいて、水気をしぼる。たまねぎは薄切りにし、塩小さじ⅛をもみこみ、しんなりしたら水気をしぼる。

④ ❷のボールににんじん、❸、マヨネーズ、からしを加えて混ぜる。塩・こしょう各少々で味をととのえる。サラダ菜と一緒に器に盛る。

> **コツ**
>
> じゃがいもに熱いうちに下味をつけておくと、味がよくしみこみます。そのあとは完全にさますこと。熱いうちに調味料を混ぜると、マヨネーズの油が分離してしまいます。
>
> ボールのすみでマヨネーズとからしを軽く合わせてから全体を混ぜると、味が均一になります。

ミネストローネ

野菜がたっぷり摂れるスープ。
たまねぎとトマトは必須ですが、
あとの野菜は増減OK。
かぶやブロッコリーなど、
冷蔵庫の余り野菜をどんどん投入しましょう。
逆に、ないものは省いてもかまいません。
ごはんやパスタと合わせれば、
朝食や夜遅くなったときの食事にも最適です。

材料　2人分

キャベツ	50g
たまねぎ	¼個（50g）
トマト*	小1個（100g）
じゃがいも	小1個（100g）
にんじん	30g
にんにく	小½片（3g）
ベーコン	1枚
オリーブ油	大さじ½
A　水	400mℓ
スープの素	小さじ1
ローリエ	1枚
塩・こしょう	各少々
パセリのみじん切り	少々

＊トマト水煮缶詰でも。

作り方

1人分 **128**kcal ｜ 調理時間 **25**分

① にんにくは薄切りにする。ほかの野菜とベーコンは1cm角に切る（にんじんはやや薄めにし、じゃがいもは水にさらして、水気をきる）。

② 鍋にオリーブ油、にんにく、ベーコンを入れ、中火で少し色づくまで炒める。トマト以外の野菜を加え、中火で3～4分炒める。

③ トマトとAを加え、沸騰したらアクをとる。ふたをし、弱めの中火で15分ほど煮る。野菜に火が通ったら、塩・こしょうで味をととのえる。

④ 器に盛り、パセリを散らす。

コツ

ベーコンを加えると、うま味がかんたんに出ます。もしベーコンを入れないなら、鍋底が少しこげるくらいまで、野菜をしっかり炒めましょう。野菜から甘味が出て、うま味代わりになりますよ。

中華 韓国・エスニック

日本の家庭で食べる中華料理といえば、
大きな回るテーブルで食べるような高級なものではなく、
ぎょうざやチャーハンなどの、いわゆる庶民の味ではないでしょうか。

これらの中華料理はどれも、身近な材料で、パパっと作れるのが魅力。
いまや日本の食卓には欠かせないものばかりです。
実は和食にひけをとらないほど野菜もたっぷり使われているため、
イメージよりもずっとヘルシーなのもうれしいところ。
さらに、日本人の舌に合わせて進化しているため、白いごはんとの相性も抜群。
思わず箸が止まらなくなります。

中華鍋が自由自在に操れるようになったら、まわりにもちょっと自慢できるかも。
さぁ、おいしい中華を作りましょう。

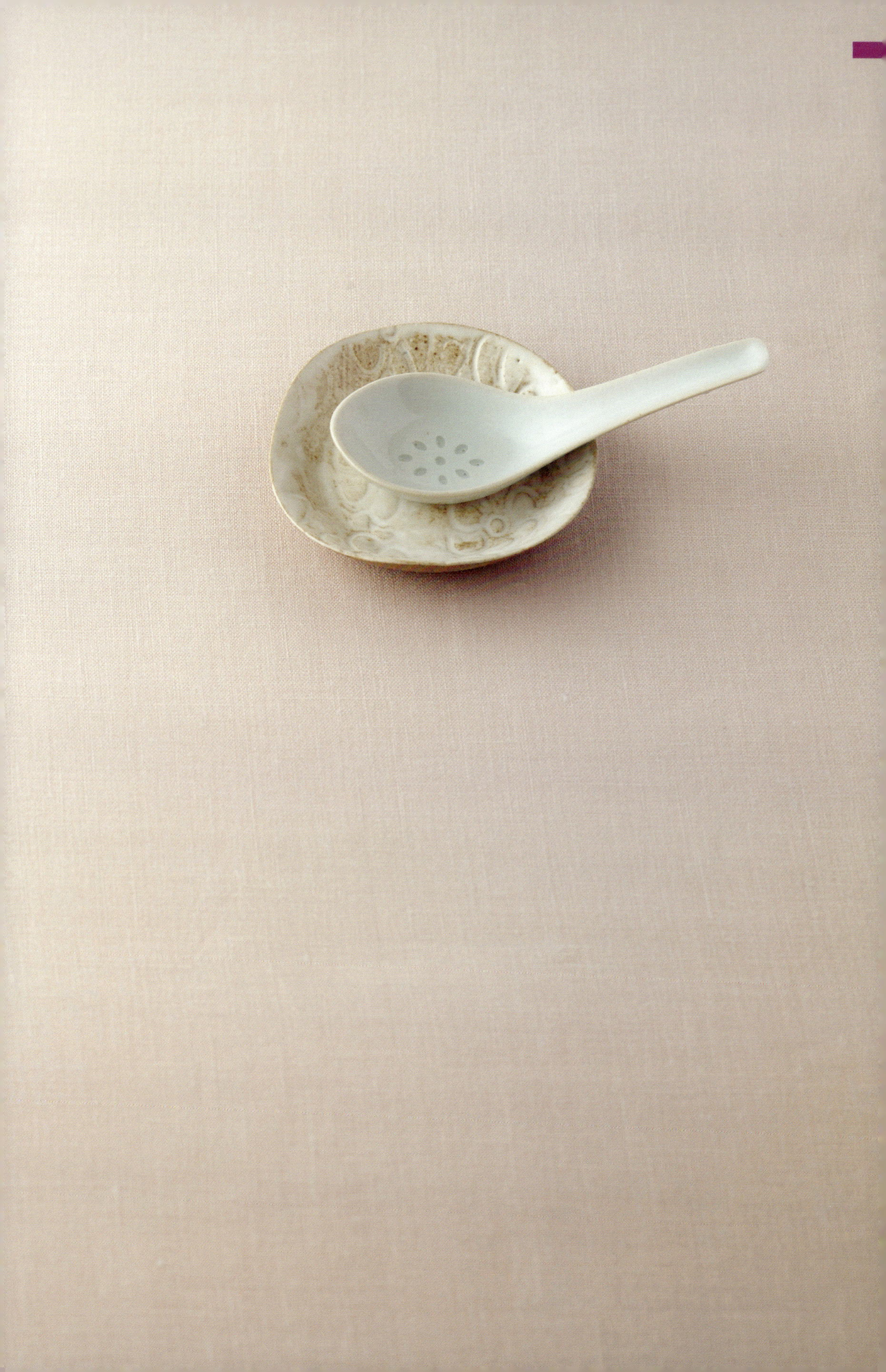

えびのチリソース

えびチリの味は複雑なので、「どんな特殊な調味料を使っているんだろう」
と思いますが、実はケチャップや砂糖、しょうゆなど、
ほとんどどこの家にもあるものだけでできてしまいます。
でも、味はお店のものにも負けない本格派。
いつ、誰に出しても、「これ、家で作ったの？」と驚かれます。
えびは家庭料理の材料の中では、ちょっと値段が高め。
だからこそ、せっかくのえびの味を損なわないよう、おいしく作りたいもの。
コツは下味とかたくり粉。口にしたときのプリプリ感は絶品です。

材料　2人分

- えび（無頭・殻つき）10尾（約200g）
- A ┌ 酒 ……………………… 小さじ1
  └ 塩・こしょう ……………… 各少々
- かたくり粉 ……………………… 小さじ1
- しょうが …………………… 小1かけ（5g）
- ねぎ ………………………………… 5cm
- にんにく …………………… 小1片（5g）
- サラダ油 ……………………… 大さじ1½

- B ┌ トマトケチャップ …………… 大さじ1½
  │ 酒 ……………………………… 大さじ½
  │ 砂糖 …………………………… 小さじ1
  │ スープの素 …………………… 小さじ¼
  │ かたくり粉 …………………… 小さじ1
  │ 豆板醤（トーバンジャン） …… 小さじ½
  │ しょうゆ ……………………… 小さじ1
  └ 水 ……………………………… 70mℓ

作り方　1人分 195 kcal ｜ 調理時間 20分

① えびは殻をつけたまま洗い、剣先を切る（a）。尾の先をキッチンばさみか包丁で斜めに切り（b）、包丁の刃先で尾の中の水気をしごいてとる（c）。尾に近いひと節を残して殻をむき、背わたをとる。

② えびにAで下味をつけ、かたくり粉をまぶす。

③ しょうがは皮ごとみじん切りにする。ねぎ、にんにくはみじん切りにする。Bは合わせる。

④ フライパンに油大さじ1を熱し、えびを強火で炒める。色が変わり、全体に火が通ったら、とり出す。

⑤ フライパンに油大さじ½をたし、しょうが、ねぎ、にんにくを弱火で炒める。香りが出たら中火にし、Bを再度混ぜてから加えて、混ぜながらとろみをつける。

⑥ えびをフライパンに戻し入れ、全体にからめる。

コツ

えびは生のうちに下味をつけると、くさみがとれ、風味もよくなります。また、かたくり粉をまぶすと、プリプリとした食感に仕上がりますよ。

えびは加熱しすぎるとかたくなるので、ここでいったんとり出しましょう。

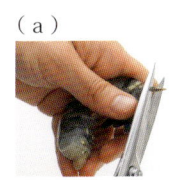

（a）　（b）　（c）

だいこんと手羽中の豆板醤煮

だいこんは素材のうま味を包みこむ名人。
手羽中のうま味をだいこんが全部吸って、極上の煮ものになりました。
やわらかく、おいしいだいこんが出回る冬場に、
ぜひ作ってほしい煮ものです。
豆板醤がピリッときいて、外で冷えた体を温めてくれることでしょう。
だいこんは乱切りにすると、火の通りと味のしみこみがよくなるので、
煮る時間は30分ほど。だから、手軽に作れます。
時間をおくと、味がなじんでさらにおいしくなるので、
倍量作って、翌日に食べてもよいでしょう。

材料　2人分

手羽中	4本（200g）
A ［ 酒	小さじ½
しょうゆ	小さじ½
だいこん	300g
にんにく	小1片（5g）
しょうが	小1かけ（5g）
ねぎ（青い部分）	5cm

B ［ 水	200ml
酒	大さじ1
ごま油	小さじ1
C ［ 砂糖	小さじ2
しょうゆ	大さじ1
豆板醤	小さじ½
酢	大さじ1

作り方
1人分 **194** kcal　調理時間 **45** 分

① 手羽中は、骨と骨の間に切りこみを入れ、Aをもみこんで下味をつける。

② だいこんは皮をつけたまま、4〜5cm大の乱切りにする。

③ にんにくは半分に切る。しょうがは皮をこそげて、薄切りにする。ねぎは包丁で軽くつぶす。

④ 深めのフライパンにごま油を熱して手羽中を入れ、両面にしっかり焼き色をつける。

⑤ ❹にだいこんと❸を加えて炒め、油がまわったらBを加え、強火にする。沸騰したらアクをとり、Cを加える。落としぶたとフライパンのふたをして、中火で約30分煮る。

⑥ ❺の煮汁が少なくなったら、落としぶたとフライパンのふたをとり、強火にして煮からめる。

コツ

骨と骨の間に切りこみを入れておくと、食べるときに骨がラクにはずせます。

焼き色をつけることで、うま味が増し、見た目もおいしそうになります。煮ている間に焼き色は落ちてくるので、ここでしっかり焼いておきましょう。

最後にしっかり汁気をとばすと、おいしそうな照りが出ます。こがさないようにフライパンをゆすりながら、煮汁がほとんどなくなるまで煮つめましょう。

焼きぎょうざ

ボリュームたっぷりながら、ひき肉、キャベツなど、
すぐ手に入る材料で、家族みんなで楽しめます。
焼き方のコツは、初めにぎょうざを熱湯で蒸し焼きにすること。
先に焼き色をつける従来の方法とは逆ですが、
いろいろ試した結果、このほうが皮のひだの部分までふっくら、
やわらかく仕上がることがわかりました。
あんの配合は多少変えても問題ないので、
好みで肉を多めにしたり、にんにくを加えてもよいでしょう。
冬場なら、キャベツの代わりに、はくさいを使っても。
アレンジしながら、"わが家のぎょうざ"を極めてください。

材料　24個分

豚ひき肉	120g
キャベツ	150g
塩	小さじ¼
にら	30g
ねぎ	10cm
A　塩	小さじ⅙
砂糖・しょうゆ	各小さじ1
しょうが	小1かけ（5g）
酒	大さじ1
ごま油	大さじ½
こしょう	少々
ぎょうざの皮	1袋（24枚）
熱湯	200㎖
サラダ油	大さじ1
＜たれ＞	
酢	大さじ1
しょうゆ	小さじ1
ラー油	少々

作り方

1個分 **39** kcal ｜ 調理時間 **30** 分

① キャベツはあらみじんに切る。塩小さじ¼を混ぜ、しんなりしたら水気をよくしぼる。にら、ねぎはみじん切りにする。しょうがは皮をこそげて、すりおろす。

② ひき肉にAを加え、ねばりが出るまでよく混ぜる。キャベツ、にら、ねぎを加えて、軽く混ぜる。

③ たねを24等分し、ぎょうざの皮で包む（a）。

④ フライパンにサラダ油少々（材料外）を塗り、ぎょうざを放射状に並べる（b）。分量の熱湯を加えて強火にかける。ふたをして3分ほど蒸し焼きにする。たれの材料は合わせる。

⑤ ふたをとり、残った水分をとばす。中火にし、油大さじ1を鍋肌から回し入れ、全体にからめる。ふたをして、焼き色がつくまで2分ほど焼く。たれを添える。

コツ

あらかじめひき肉と調味料を混ぜておくことで、弾力が増し、肉汁が逃げにくくなります。また、ひき肉は脂が多めのものを使うと、ジューシーに仕上がります。

ぎょうざの皮は乾燥しないよう、袋に入れたまま室温にもどしておくと、包んだときにやぶれにくくなります。

（a）　　　（b）

ぎょうざの底がフライパンにくっついてもあわてないで。焼き続けるうちに、徐々に油がまわってはがれてきますよ。

とりのはちみつオーブン焼き

中華の高級料理である北京ダック。
つややかな皮の香ばしさがたまりません。
しかし、そもそもあひるが手に入りませんし、
特殊な道具と技術がいるため、家庭で作るのはまず不可能です。
そこで、とりもも肉で代用した、
こんな"なんちゃって北京ダック"は、いかがでしょうか。
調味液につけて焼くだけ…と、作り方は拍子抜けするほどかんたん。
北京ダックほどのカリッと感は出ませんが、
調味液にはちみつを混ぜることで、
本物にも負けない、おいしそうなツヤを出しました。

材料　2人分

とりもも肉		1枚（250g）
A	赤みそ	大さじ½
	はちみつ	大さじ1
	しょうゆ	大さじ1
	酒	大さじ1
	ごま油	大さじ½
ねぎ（白い部分）		5cm
香菜（シャンツァイ）		適量

作り方　1人分 312 kcal ｜ 調理時間（とり肉に下味をつける・あら熱をとる時間は除く）30分

① とり肉は皮側を数か所、竹串かフォークで刺して穴をあける。

② ボールやポリ袋にAを合わせてよく混ぜる。とり肉をつけて、30分以上おく。

③ 肉の汁気をきって、皮を上にして網にのせ、190℃（ガスオーブン180℃）に予熱したオーブンで20分程度焼く（またはグリルで両面を5〜6分ずつ焼いても。こげそうなときはアルミホイルをかぶせる）。

④ 肉のあら熱がとれたら、縦半分に切ってから、4〜5mm厚さに切る。

⑤ ねぎは中心にある芯を除いて、せん切りにする。香菜は葉を切りとり、茎はねぎと同じくらいの長さに切る。

⑥ 肉を器に盛り、ねぎと香菜を添える。

コツ

下味をつけるときはポリ袋を使うのがおすすめです。少ない調味料でも味が全体に回りますし、手も汚れません。30分以上おくときは冷蔵庫に入れましょう。

甘くないクレープのような皮で包んで食べると、より本物の北京ダックのようになり、パーティなどにもおすすめ。でも、皮を手作りするのは大変なので、サンドイッチ用の食パンで代用しましょう。ラップで包んで、電子レンジで30秒（500W）ほど加熱すると、しっとりしてはさみやすくなります。

ジャージャーめん

食欲の落ちる夏場には、こんな具だくさんのめん料理がうれしい。
これひと品で、たくさんの食材をバランスよく摂ることができます。
ここではめんを最後に温めていますが、季節によっては冷水でシャキッとしめて、
冷たいめん料理として食べるのもおすすめです。
具はレタスやかいわれだいこんなど、適当にアレンジしてください。
肉みそは味つけが濃いめなので、冷蔵庫で4～5日保存がききます。
冷奴にのせたり、サラダのトッピングにしたりと、何かと〝使える〟肉みそです。

材料　2人分

豚ひき肉	150g
A　ねぎ	½本
しょうが	1かけ（10g）
サラダ油	大さじ1
B　赤みそ	50g
砂糖	大さじ2
酒	大さじ2
豆板醤（トーバンジャン）	小さじ⅔
水	50㎖
大豆もやし＊	50g
きゅうり	½本
トマト	小1個（100g）
中華めん（生）	2玉（240g）

＊ふつうのもやしでも。その場合は、ゆで時間は30秒ほどにする。

作り方

1人分 **635** kcal ｜ 調理時間 **30** 分

① ねぎはみじん切りにする。しょうがは皮ごとみじん切りにする。Bは合わせる。

② フライパンに油を温め、Aを弱火で炒める。ねぎがしんなりしてきたら、ひき肉を加え、強めの中火で、パラパラになるまで炒める。

③ Bを加え、中火で汁気がなくなるまで、混ぜながら煮つめる（肉みそ）。

④ 大豆もやしはひげ根をとる。鍋に湯300㎖（材料外）を沸かしてもやしを入れる。ふたをして、弱めの中火で4〜5分ゆでて、ざるにとる。

⑤ きゅうりは4〜5㎝長さの斜め薄切りにし、細切りにする。トマトは種をとり、7〜8㎜幅の棒状に切る。

⑥ 中華めんを表示どおりにゆでる。水にとって、表面のぬめりをとるように洗う。湯をかけて再び温め、水気をきる。

⑦ 器にめん、肉みそ、野菜を盛り合わせる。

> **コツ**
> ひき肉は切るようにほぐしながら炒め、しっかり火を通しましょう。炒め方がたりないと、肉のくさみが残ります。

> めんがゆであがったら、流水でもみ洗いし、ぬめりをしっかりとりましょう。

チンジャオロースー
青椒肉絲

たけのことピーマンのシャキシャキとした歯ごたえが身上の料理です。
調味料を事前にきちんと用意すること、
強めの火で手早く大胆に炒めるのが、青椒肉絲のコツ。
誰もが知っている定番中華だけに、
「家で作ると、なんだかおいしくないね」と比較されがち。
そんな悲しいことを言われないよう、
各所のポイントをしっかりおさえて作りましょう。
野菜の量に対して、肉の量は比較的少なめですが、
濃いめの味と、香味野菜の風味で箸が進み、
いつの間にか野菜がたっぷり摂れるという寸法です。

材料　2〜3人分

牛もも肉（焼肉用）	130g
A　酒	大さじ1
しょうゆ	大さじ½
こしょう	少々
サラダ油	大さじ½
かたくり粉	大さじ½
サラダ油＊	大さじ1
ピーマン	8個
ゆでたけのこ	80g
しょうが	1かけ（10g）
にんにく	1片（10g）
サラダ油＊	大さじ1
B　砂糖	小さじ1
オイスターソース	大さじ1
しょうゆ	大さじ½
酒	大さじ1
塩	少々

＊フッ素樹脂加工のフライパンで作る場合は、それぞれ半量に減らす。

作り方

（3人分として）1人分 **224**kcal ｜ 調理時間 **20**分

① ピーマンは縦半分に切り、種をとって、4〜5mm幅に切る。たけのこは根元は5cm長さ、3〜4mm幅に切る。穂先のほうは薄切りにする。

② しょうがは皮をこそげて、みじん切りにする。にんにくはみじん切りにする。

③ 肉は4〜5cm長さ、5〜6mm幅に切る。Aを加えて手でもみこみ、最後にかたくり粉を加えて混ぜる。

④ Bは合わせる。

⑤ 鉄のフライパン（中華鍋、北京(ペキン)鍋など）に油大さじ1を熱して肉を入れ、ほぐしながら強火で炒める。肉の色が変わったらとり出す。

⑥ 続けて油大さじ1をたし、しょうがとにんにくを弱火で炒める。香りが出たら、ピーマン、たけのこを加え、強火で炒める。肉を戻し入れ、さっと混ぜる。Bを加えて、全体になじんだら火を止める。

コツ

肉は脂身が多いものだと、炒めたときバラバラになりやすいので、もも肉が最適です。また、サラダ油とかたくり粉をまぶしておくと、炒めてもかたくなりにくいですよ。

調味料はあらかじめ合わせておくと、炒める際にあわてずにすみます。チンジャオロースーに限らず、中華の炒めものほぼ全般にいえるコツです。

春巻き

家で作るというより、外で食べるもの
という印象のほうが、最近は強いのではないでしょうか。
ベターホームのお料理教室でも「春巻きを作るのは初めて」という方が
ほとんどですが、口に入れたときの「パリッ」という小気味よい食感に、
あちこちで感嘆の声が上がります。
揚げものというだけで億劫なうえ材料も多く、作るのはちょっと面倒ですが、
このように「できたてが最高!」という料理ほど、
手作りする価値があるというもの。
一度に作ろうとすると大変なので、
具だけでも事前に仕込んでおくとよいでしょう。

材料　10本分

春巻きの皮	1袋（10枚）	
春雨	30g	
干ししいたけ	2個	
水	70ml	
豚もも肉（薄切り）	200g	
ゆでたけのこ	50g	
にんじん	50g	
にら	½束（50g）	
ねぎ	½本	

サラダ油	大さじ1½	
A	しいたけのもどし汁	大さじ2
	砂糖	小さじ1
	酒・しょうゆ	各大さじ1
	塩	小さじ½
	こしょう	少々
B	かたくり粉	小さじ2
	水	大さじ1½
ごま油	小さじ1	

揚げ油	適量	
<のり>		
薄力粉	大さじ½	
水	大さじ½	
<からし酢じょうゆ>		
酢	大さじ1	
しょうゆ	小さじ1	
練りがらし	適量	

作り方　1本分 192 kcal｜調理時間（しいたけをもどす・たねをさます時間は除く）35分

① 干ししいたけは水70mlで30分以上もどし（もどし汁大さじ2はとりおく）、軸をとり、薄切りにする。春雨は熱湯で5分ほどもどし、食べやすい長さに切る。

② たけのこ、にんじんは5cm長さの細切りに、にらは5cm長さに切る。ねぎは縦半分に切り、斜め薄切りにする。

③ 豚肉は7～8mm幅に切り、塩少々と酒大さじ½（ともに材料外）をもみこむ。A、Bはそれぞれ合わせる。

④ フライパンにサラダ油を温め、豚肉を強火で炒める。色が変わったら、しいたけ、たけのこ、にんじん、ねぎを加える。しんなりしたら、春雨、にらを加えて炒める。

⑤ Aを加え、ひと煮立ちしたら、火を止める。Bを再度混ぜてから加え、再び中火にかけて混ぜる。とろみがついたら、ごま油を回し入れ、火を止める。さめたら10等分する。

⑥ のりの材料は合わせる。春巻きの皮に❺をのせて包み、巻き終わりにのりをつけてとめる。

⑦ 揚げ油を160～170℃に熱し、❻を入れる。返しながら、全体が色づくまで揚げる。最後に火を強めてパリッとしたら、とり出す（揚げ鍋が小さければ、数回に分けて揚げる）。からし酢じょうゆを添える。

コツ

水どきかたくり粉は、いったん火を止めてから加えると、ダマになりません。とろみづけがたりないと、皮に水分がしみ出してパリッと仕上がらなくなります。全体を混ぜながら、具にまんべんなくとろみをつけましょう。

春巻きの皮はくっついているので、具をさましている間に1枚ずついったんはがしておき、乾かないよう再び袋に戻しておくとよいでしょう。
包んでから時間をおくと、皮が水分を含んでやぶれやすくなるうえ、パリッと仕上がりません。揚げる直前に包みましょう。

黒酢酢豚

酢豚といえば、野菜たっぷりで、
ケチャップ色をしたものが、まず頭に浮かぶと思います。
それはそれでおいしいのですが、
たまにはこんなシンプルで洗練された酢豚はいかがでしょうか。
昔ながらの酢豚に比べて材料の種類がかなり少ないので、
下ごしらえがラクなのも魅力です。味のポイントとなるのは黒酢。
最近はどこのスーパーでもふつうに買えるようです。
酢豚だけでひとびん使いきるのは大変ですから、
煮ものやぎょうざのつけだれなど、ふだんのおかずにどんどん使ってください。
コクが増して、おいしいものですよ。

材料　2〜3人分

豚肩ロース肉（かたまり） 300g
A ┌ 紹興酒（または酒） 大さじ1
　├ しょうゆ 小さじ½
　├ こしょう 少々
　├ かたくり粉 大さじ2
　└ サラダ油 大さじ1
かたくり粉 大さじ2
たまねぎ ½個（100g）
パプリカ（赤） ½個
揚げ油 適量

B ┌ 砂糖 大さじ2½
　├ 黒酢 大さじ2½
　├ しょうゆ 大さじ2
　├ 水 大さじ2
　└ こしょう 少々
ねぎ（白い部分） 10cm

作り方

（3人分として）1人分 **456**kcal ｜ 調理時間 **30**分

① 豚肉は2〜3cm角に切り、Aをもみこみ、15分ほどおいて下味をつける。

② たまねぎは2cm幅のくし形切りに、パプリカも同じくらいの大きさの乱切りにする。

③ ねぎは長さを半分に切る。中心にある芯を除いて、せん切りにする。水にさらして、水気をきる（白髪ねぎ）。

④ 揚げ油を170℃に熱し、たまねぎとパプリカを入れて、さっと揚げてとり出す。続けて豚肉にかたくり粉大さじ2をまぶして入れ、こんがりと色づくまで4〜5分揚げる。

⑤ フライパンにBを合わせて中火にかけ、混ぜながら2〜3分煮つめ、❹を加えてからめる。器に盛り、白髪ねぎを飾る。

コツ

野菜は事前にさっと油に通します。こうすることで材料から余分な水分が抜けるため、仕上がりが水っぽくなりません。面倒ですが、これを行うと行わないのとでは、見た目も味もまったく違ってきますよ。

肉と野菜とあんは、手早くからめます。加熱しすぎると食感が悪くなり、せっかくの黒酢の酸味がとんでしまいます。つやが出て、全体にからんだら、すぐに火からおろしましょう。

ほうれんそうのチャーハン

ひすいのような緑色が美しいチャーハン。
今は残念ながらなくなってしまいましたが、
1990～2006年まで、＜野菜料理の会＞の隠れた人気メニューでした。
チャーハンを作るときには中華鍋（北京鍋）を
煙が出るほど熱して炒めるのが理想なのですが、
最近ではフッ素樹脂加工のフライパンしか持っていないという人も多いと思います。
空焼きすると表面がいたみやすいので、
フライパンが温まったら、中火で炒め始めましょう。
フッ素フライパンは中華鍋より面積がせまく、一気に火が通らず、ごはんがパラパラになりにくいので、
その場合は、温度を保つために、ひとり分ずつ調理するのも一案です。

材料　2人分

ほうれんそう	100g
ねぎ	5cm
焼き豚	30〜40g
卵	1個
塩・こしょう	各少々
温かいごはん	300g
A ┌ スープの素	小さじ½
├ 塩	小さじ⅓
├ 酒	大さじ1
└ こしょう	少々
サラダ油*	大さじ1
しょうゆ	小さじ1

*フッ素樹脂加工のフライパンで作る場合は、半量に減らす。

作り方

1人分 **383** kcal ｜ 調理時間 **15**分

① ほうれんそうは熱湯でさっとゆでる。水にとって、水気をしぼり、みじん切りにする。ねぎはみじん切りにする。焼き豚は5〜6mm角に切る。

② Aは合わせておく。卵は割りほぐし、塩・こしょう各少々を混ぜる。

③ 鉄のフライパン（中華鍋、北京鍋など）を熱して油を入れる。少し煙が出るくらいになったら、卵を加える。半熟になったら、ごはんを加えてほぐすように炒める。❶のほうれんそう、ねぎ、焼き豚を加え、さらに炒める。Aで味をととのえる。

④ しょうゆを鍋肌から回し入れ、ひと混ぜして火を止める。

コツ

ほうれんそうは一度さっとゆでるとかさが減り、みじん切りの作業がうんとラクになります。

チャーハンは残りごはんの始末にも最適ですが、冷たいまま加えるとなかなかほぐれません。炊きたてのごはんでない場合は、電子レンジで少し温めましょう。

しょうゆはチャーハンに直接かけず、まず直にフライパンにふれさせることで、香りと風味を際立たせます。

回鍋肉
（ホイコウロウ）

本来の回鍋肉の作り方だと、
肉はゆでたかたまり肉をスライスしたものを使います。
でも、家庭では少し手間なので、
薄切り肉をさっとゆでるだけにしました。
回鍋肉の身上は、なんといってもキャベツのシャッキリ感。
水気が出ないよう、短時間で炒めあげるのがコツです。
フッ素樹脂加工のフライパンでも問題なく作れるのですが、
強い火だとフライパンがいたむので、どうしても火力を弱めざるをえません。
中華鍋など鉄製のものをお持ちであれば、
ぜひそちらを使って、強い火力で炒めあげてください。

材料　2人分

キャベツ	150g
ねぎ	10cm
ピーマン	1個
豚ばら肉（薄切り）	100g
かたくり粉	小さじ½
にんにく	小1片（5g）
豆板醤（トーバンジャン）	小さじ⅓
A　甜麺醤（テンメンジャン）	大さじ1
酒	大さじ½
しょうゆ	小さじ½
サラダ油＊	大さじ1½

＊フッ素樹脂加工のフライパンで作る場合は、半量に減らす。

作り方
1人分 **322**kcal ｜ 調理時間 **20**分

① キャベツは切る直前まで水につけてパリッとさせて、水気をよくきる。芯をとり、4〜5cm角に切る。

> **コツ**
> キャベツは水につけておくと、最後までパリッとした感じを保つことができます。水気がついたままだとはねやすいので、水きりはしっかり行いましょう。

② ねぎは縦半分に切り、斜め薄切りにする。ピーマンは縦半分にして1.5cm幅に切る。さらに斜め半分に切る。にんにくはみじん切りにする。

③ 豚肉は4〜5cm長さに切る。鍋に湯を沸かし、豚肉を入れて、色が変わるまでゆでる。水気をきって、かたくり粉をまぶす。

> ゆでた豚肉にかたくり粉をまぶすと、調味料と合わせたときにからみやすくなります。また、キャベツから出る余分な水分を吸いとる効果もあります。

④ Aは合わせる。

⑤ 鉄のフライパン（中華鍋、北京鍋（ペキンなべ）など）に油を入れ、にんにく、豆板醤を加えて弱火にかけ、香りが出るまで炒める。強火にし、ねぎ、ピーマン、キャベツ、豚肉の順に加えて炒める。キャベツがややしんなりしたらAを加え、全体にからめて火を止める。

> Aの調味料はこげやすいので、鍋肌ではなく、キャベツの上にかかるように加えるとよいでしょう。余熱でも火が入るため、調味料がからんだら、すぐに火を止めます。

とり肉とカシューナッツの辛味炒め

肉にていねいに下味をつけることで、
まるでお店で食べるようなワンランク上の料理になるから不思議です。
辛味をきかすために、豆板醤(トーバンジャン)がいいのか、花椒(ホワジャオ)がいいのか、
それとも、とうがらしを増やすのか … 等々、
試行錯誤を重ねて、ベストだったのがこのレシピ。
とうがらしと花椒、違う2種類の辛さをピリッときかせました。
肉や野菜、その他の調味料とのバランスが絶妙なためか、
何ともいえずいい塩梅(あんばい)の辛さになっています。

材料　2人分

とりもも肉	200g
A｛ 塩	小さじ⅙
酒	小さじ1
とき卵	½個分
かたくり粉	大さじ1
カシューナッツ*	40g
ねぎ	1本
ピーマン	2個
赤とうがらし	1本
花椒**（ホール）	小さじ¼（約20粒）

B｛ 砂糖	大さじ½
酒	大さじ1
酢	大さじ½
水	大さじ1
しょうゆ	小さじ2
かたくり粉	小さじ½
サラダ油	大さじ1

* 製菓用など塩気のついていないものを使う。おつまみ用など、塩気のあるものの場合は、Aの塩を少し減らす。

** 中国の山椒のことで、ホールと粉末になっているものがある。スーパーの中華食材売り場などで買える。

作り方

1人分 **447** kcal ｜ 調理時間 **20** 分

① とり肉は皮のついていない側に、厚みの⅓くらいまで7〜8mm間隔に切りこみを入れ、2〜3cm角に切って、Aを順にもみこむ。

② ねぎは1.5cm幅に切る。ピーマンは縦半分にして、縦に2cm幅に切り、斜めに2〜3つに切る。

③ とうがらしは水につけてやわらかくし、半分に切って、種をとる。花椒は指でひねってつぶす。Bは合わせる。

④ フライパンに油大さじ½を温め、カシューナッツを弱火で炒めて、茶色く色づいたらとり出す。

⑤ 続けてとうがらしと花椒を弱火で炒める。とり肉を加え、強めの中火で焼きつけ、とり肉に火が通ったらとり出す。

⑥ 続けて油大さじ½をたし、ねぎを炒め、しんなりしたらピーマンを加える。とり肉を戻し入れる。

⑦ 火を止め、Bを再度混ぜてから加える。混ぜながら強火にかけ、とろみをつける。カシューナッツを加えてひと混ぜし、火を止める。

コツ

とり肉に塩と酒で下味をつけたあと、とき卵とかたくり粉をもみこみます。卵がなじむまで、よくもみこむのがコツ。そうすることで衣のようになり、中がやわらかく、ふんわり仕上がります。

とうがらしの辛味は個体差が大きいものです。辛いのがにが手な場合は、まず半量加え、味をみながら調整するとよいでしょう。また、花椒がない場合は、赤とうがらしだけでも作れます。

バンバンジー

サラダ的なイメージがありますが、
肉もたっぷりでコクがあるので、充分主菜になります。
ゆでたとり肉は、冷蔵庫で2～3日保存可能。
サラダに、あえものにと、なかなか重宝です。
ここではとりもも肉を使いましたが、とりむね肉でも同様に作れます。
もも肉より手ごろなうえ、あっさりとした味わいで、
「むしろむね肉のほうが好き」という人も多いかもしれません。
とり肉のゆで汁は、うま味が出ているので捨てないで。
きざんだ野菜などと一緒に煮て、味をととのえればおいしいスープになります。

材料　2人分

とりもも肉	200g
塩	小さじ⅓
こしょう	少々
しょうが	小1かけ（5g）
A　塩	小さじ½
酒	大さじ1
きくらげ	3～4個
ねぎ（白い部分）	10㎝
にんじん（4㎝長さ）	少々
きゅうり	1本

＜たれ＞

B　練りごま（白）	大さじ1
砂糖	大さじ½
しょうゆ	大さじ½
酢	小さじ1
C　サラダ油	大さじ½
にんにく	小½片（2～3g）
豆板醤（トーバンジャン）	小さじ½

作り方　1人分 303 kcal ｜ 調理時間（とり肉をさます・きくらげをもどす時間は除く）20分

① しょうがは皮をつけたまま薄切りにする。とり肉に、塩小さじ⅓、こしょう少々をもみこんで下味をつける。

② 鍋にとり肉、しょうが、Aと、かぶるくらいの水を入れ、強火にかける。煮立ったらふたを少しずらしてのせ、弱火で約10分ゆでる。火を止め、そのままさます。

③ きくらげは水で10分ほどもどして熱湯でゆで、かたい部分を除いて、食べやすい大きさに切る。ねぎは中心にある芯を除いて、せん切りにする。水にさらして、水気をきる（白髪ねぎ）。にんじんはせん切り、きゅうりは縦半分に切って、斜め薄切りにする。

④ にんにくはみじん切りにする。ボールにBを順に合わせる。

⑤ 小鍋にCを合わせ、弱火にかける。香りが出たらBに加え（はねるので注意）、よく混ぜる。

⑥ とり肉を1㎝厚さのそぎ切りにし、器に盛る。きくらげときゅうりを添えて、白髪ねぎとにんじんを合わせてのせる。たれを添える。

コツ

ゆで汁につけたままさますと、とり肉がパサつくのをおさえ、しっとりと仕上がります。冷蔵庫で保存するときも、ゆで汁からとり肉が出ないようにするとよいでしょう。

にんにくと豆板醤は、加熱することによって、香りが引き立ちます。

なすのオイスターソース煮

一見地味ながら、実は＜家庭料理の会＞でいちばん人気のメニュー。
かんたん・おいしいのはもちろん、量を加減することで、
主菜にも副菜にもなる点がウケているようです。
この分量だと、主菜なら2人分、副菜なら4人分といったところでしょうか。
なすは全体が黒くなるくらいまで、しっかり煮ましょう。
見た目は少々悪くなりますが、この料理でなすのおいしさを
最大限にいかすには、この"くったり感"こそが欠かせません。
時間がたって少しさめても、それはそれで味がしみておいしいので、
まずはこれを作っておいてから、ほかのおかずにとりかかると効率的です。

材料　2〜3人分

なす	3個（約200g）
豚ばら肉（薄切り）	100g
さやいんげん	30g
ねぎ	10cm
にんにく	1片（10g）
赤とうがらし	1本
サラダ油	大さじ3

A
砂糖	小さじ1
オイスターソース	小さじ1
しょうゆ	大さじ1
酒	大さじ1
水	100mℓ

作り方　（3人分として）1人分 273kcal ｜ 調理時間 25分

① ねぎ、にんにくはみじん切りにする。いんげんは筋があればとって、3cm長さに切る。とうがらしは水につけてやわらかくし、種をとって、太めの小口切りにする。Aは合わせる。

② なすはへたをとり、皮をしま目にむいて、5〜6cm長さの乱切りにする。豚肉は2cm長さに切る。

③ フライパンに油大さじ2を温め、なすといんげんを強めの中火で炒める。薄く焼き色がついて油がなじんだら、いったんとり出し、なすといんげんを分けておく。

④ フライパンに油大さじ1をたし、弱火でねぎ、にんにく、とうがらしを炒める。香りが出てきたら豚肉を加え、中火で炒める。肉の色が変わったら、なすとAを加える。ふたをして弱火にし、10分ほど煮る。いんげんを加えて、汁気がほとんどなくなるまで煮る。

コツ

なすはところどころ皮をむいておくことで、見た目に変化がつき、味もしみこみやすくなります。

さやいんげんは、色が悪くならないように、最後に戻します。より色鮮やかに仕上げたい場合は、炒めずに別鍋でゆでておき、最後にさっと合わせましょう。

サンラータン

スープのレシピはかんたんなものが多いのですが、
このサンラータンはかなり材料も多く、作るのは少し大変です。
でも、手間をかけるだけの価値があると太鼓判を押せる味。
具だくさんでボリュームがあるので、
スープというより、もはや主菜といっていいと思います。
「酸辣湯」(サンラータン)の文字どおり、酸味と辛味、両方のパンチがきいていて、
体を温めたい冬場にも、食欲の落ちる夏場にもおすすめ。
もどした春雨を加えたり、ゆでた中華めんと合わせて、
「サンラータンめん」にするのもおすすめの食べ方です。

材料　3〜4人分

干ししいたけ	2個
水	50㎖
ゆでたけのこ	30g
ねぎ	10㎝
赤とうがらし	1本
豚ロース肉（薄切り）	50g
A　塩	少々
紹興酒（または酒）	小さじ1
とうふ（絹）	50g
B　水	500㎖
しいたけのもどし汁	大さじ2
スープの素	小さじ2
しょうゆ	小さじ½
かたくり粉	大さじ1½
水	大さじ2
卵	1個
酢	大さじ2
こしょう（黒）	少々
ラー油	少々

作り方　（4人分として）1人分 **87** kcal　｜調理時間（しいたけをもどす時間は除く）**20**分

① 干ししいたけは水50㎖で30分以上もどす（もどし汁大さじ2はとりおく）。軸をとって、薄切りにする。

② たけのこは4〜5㎝長さの薄切りにする。ねぎは、同じくらいの長さの細切りにする。とうがらしは水につけてやわらかくし、半分に切って、種を除く。豚肉は4〜5㎜幅に切り、Aで下味をつける。

③ とうふは4〜5㎝長さ、7〜8㎜角の棒状に切る。

④ 鍋にB、しいたけ、❷を合わせて、中火にかける。沸騰したら、アクをとる。

⑤ ❹にしょうゆを加えて、味をととのえる。水どきかたくり粉を加えて、とろみをつける。卵を割りほぐし、糸状に流し入れる。とうふを加えて静かに混ぜ、ひと煮立ちしたら火を止める。とうがらしをとり出す。

⑥ 器に酢とこしょうを等分に入れ、❺をそそいで混ぜて、ラー油をたらす。

> **コツ**
> 酢とこしょうはあらかじめ器に入れておきましょう。これは酢に火を加えないことで、酸味を引き立たせるのが目的です。

チャプチェ

ベターホームの＜健康料理教室＞（1992～2003年）という講習会で
人気だったメニューです。
残念ながら現在はなくなってしまいましたが、
「ごはんが進む」「見た目がきれい」「野菜がたっぷり摂れる」等々の理由から、
ベターホームの先生たちの中では根強い人気があります。
本来チャプチェには、やや太めの韓国春雨を使いますが、
手に入りにくいので、ここではふつうの春雨にしました。
また、意外なところでは、しらたきで代用するのもおすすめ。
見た目も食感も韓国春雨に似ているうえ、カロリーも抑えられます。

材料　2人分

牛もも肉（薄切り）	80g
A ┌ 砂糖・しょうゆ・ごま油	各小さじ1
└ しょうが汁	小さじ½
干ししいたけ	2個
水	50mℓ
春雨	30g
たまねぎ	¼個（50g）
にんじん（5cm長さ）	20g
小松菜	50g
卵	1個
塩	少々
B ┌ しょうゆ	大さじ1
└ こしょう	少々
サラダ油	大さじ1強
糸とうがらし	少々

作り方
1人分 **295**kcal ｜ 調理時間（しいたけをもどす時間は除く）**30**分

① 干ししいたけは水50mℓで30分以上もどし、石づきをとって、薄切りにする。春雨は熱湯に5分ほどつけて、かためにもどし、食べやすい長さに切る。

② たまねぎは薄切りにする。にんじんは5cm長さの細切りにする。小松菜は4cm長さに切る。

③ 牛肉は4〜5cm長さの細切りにし、Aで下味をつける。

④ 卵を割りほぐし、塩を混ぜる。フライパンにサラダ油少々（材料外）を薄くひいて温め、卵を流し入れて広げ、薄焼き卵を作る。3cm長さの細切りにする。

⑤ フライパンにサラダ油大さじ½を温め、牛肉を炒める。色が変わったらとり出す。

⑥ フライパンにサラダ油大さじ½強をたし、たまねぎ、にんじん、しいたけ、春雨、小松菜の順に加えながら、野菜が少ししんなりするまで炒める。

⑦ 牛肉を戻し入れ、Bで味をととのえる。器に盛り、卵と糸とうがらしを散らす。

> **コツ**
> ①〜④の具の大きさは、なるべくそろえると、見た目が美しく仕上がります。
>
> たまねぎは初めに加え、長めに炒めることで甘味を引き出します。逆に小松菜は色をきれいに残すため、あとのほうで加えるようにします。

チヂミ

「チヂミ」という聞きなれない韓国料理を、
ふつうに食べるようになってずいぶんたちます。
見た目も味もシンプルなお好み焼きといった風情なので、
日本人の舌とは相性がよくて当たり前かもしれません。
たれもここではしょうゆベースの、あっさりしたレモンだれにしました。
最近は自宅で作る人も多いと思いますが、
お店の味に近づけるコツは「えっ!」っと驚くほど多めの油。
チヂミが油の中で泳いでいるくらいが正解です。
こうすると「表面はカリッ、中はモチッ」の
理想の状態に焼きあげることができますよ。

材料　2人分

にら（または万能ねぎ）	½束（50g）
あさり（水煮缶詰）	80g
薄力粉	50g
A［卵½個＋あさりの缶汁＋水　合わせて150mℓ］	
サラダ油	大さじ3〜4
糸とうがらし（あれば）	少々
＜つけだれ＞	
しょうゆ	大さじ1
レモン汁	大さじ1
砂糖	小さじ½

作り方

1人分 **337** kcal ｜ 調理時間 **15**分

① にらは3cm長さに切る。つけだれの材料は合わせる。

② ボールに薄力粉を入れる。Aを少しずつ加えて、粉気がなくなるまで混ぜる。にらとあさりの身を加えて混ぜる。

③ フライパンにサラダ油を中火で温め、❷の生地を流し入れる。焼き色がつき、カリッとしたら返して、裏面も焼く。

④ 食べやすい大きさに切って器に盛り、糸とうがらしをのせる。たれを添える。

コツ

この分量なら、直径24cm程度のフライパンを使うと、ちょうど1枚分で、いい厚さに焼くことができます。フライパンが小さければ2枚に分けて焼いても。
焼いている間は、チヂミをへらで押しつけたりせず、ふんわりと焼きあげましょう。

ビビンバ

焼肉屋さんなどで食べるものというイメージですが、家庭での献立にもおすすめ。
目先が変わってよろこばれます。
栄養バランスの偏りがちな丼ものも、ビビンバなら問題なし。
ナムルにすることでかさが減るので、野菜をたっぷり食べられます。
ナムルは本来、ひと素材ごとに調味料の配合を変えるものですが、
それではちょっと面倒なので、
より手軽に作れるよう、なるべくまとめて味つけする方法にしました。
温泉卵や半熟の目玉焼きをのせて、くずしながら食べてもよいでしょう。

材料　　　　　2人分

温かいごはん	300g
牛もも肉（焼肉用）	80g
A ┌ しょうゆ	大さじ½
├ にんにく（すりおろす）	少々
├ ねぎのみじん切り	大さじ½
├ 砂糖	小さじ1
└ ごま油	小さじ½
ごま油	小さじ½
だいこん（4cm長さ）	80g
塩	少々
大豆もやし	80g
にんじん（4cm長さ）	80g
ほうれんそう	80g
B ┌ 砂糖	小さじ2
├ 塩	小さじ⅙
├ にんにく（すりおろす）	少々
├ すりごま（白）	大さじ3
└ ごま油	大さじ½
C ┌ 砂糖	小さじ1
├ 酢	大さじ1
└ 粉とうがらし＊	小さじ¼
糸とうがらし（あれば）	少々
コチュジャン	適量

＊韓国のとうがらし。日本の一味とうがらしなどと比べると、辛さがぐっとマイルドで、ほんのり甘味もある。

作り方　　　　1人分 **474** kcal ｜ 調理時間 **25**分

① 牛肉にAを混ぜ、よくもみこんで、約10分おく。フライパンにごま油小さじ½を温め、肉を焼く。あら熱がとれたら5mm幅の細切りにする。

② だいこんは4cm長さの細切りにし、塩少々をふる。しんなりしたら、水気をしぼってCであえる。

③ 大豆もやしはひげ根をとる。にんじんは4cm長さの細切りにする。たっぷりの湯を沸かし、大豆もやしを熱湯で6〜7分ゆで、水気をきる。同じ湯でにんじんを2分ほどゆで、水気をきる。続けてほうれんそうを20秒ほどゆで、水にとって、水気をしぼる。4cm長さに切る。

④ Bは合わせる。もやし、にんじん、ほうれんそうに、それぞれBを⅓量ずつ加えてあえる。

⑤ 器にごはんをよそい、具をいろどりよく盛って、糸とうがらしをのせる。コチュジャンを添え、全体をよく混ぜて食べる。

> **コツ**
> ナムルのだいこんは、細く切りすぎると歯ごたえがなくなってしまいます。細切りといっても、3mm幅がめやすです。

> ゆでる野菜が複数あるときは、同じ湯をくり回すとムダがなく、時間の節約にもなります。「色のうすい野菜→色の濃い野菜」、もしくは「アクの少ない野菜→アクの強い野菜」の順にゆでましょう。

生春巻き

ライスペーパーやナンプラーなどのエスニック素材も、
近所のスーパーで当たり前に買える時代になりました。
生春巻きは、野菜がたっぷり食べられるのがうれしいところ。
たんぱく質はえびだけという生春巻きのレシピが多いのですが、
それだとちょっとものたりないので、アボカドをプラスしてコクを出しました。
ナンプラーベースのさっぱりしたソースにしましたが、
市販のスィートチリソースも添えて、2種類の味で楽しむのもおすすめです。

材料　2人分

ライスペーパー	4枚
えび（無頭・殻つき）	6尾（約120g）
A ┌ 水	50mℓ
│ 酒	大さじ1
└ 塩	少々
グリーンリーフ（またはレタス）	4枚
アボカド	1個
レモン汁	少々
きゅうり	1本

＜ソース＞

砂糖	大さじ½
ナンプラー	大さじ1
レモン汁	大さじ1
赤とうがらし	1本

作り方

1人分 267kcal ｜ 調理時間 20分

① えびは背わたをとる。鍋にAとえびを合わせてふたをし、弱めの中火で蒸し煮にする。殻をむき、厚みを半分にする。

② アボカドは種をとって皮をむく。8本の棒状に切り、レモン汁少々をまぶす。きゅうりは長さを半分に切り、縦に4つ割りにする。えび、アボカド、きゅうり、グリーンリーフを、それぞれ4等分する。

③ ライスペーパーをぬるま湯にさっとくぐらせ、ぬれぶきんの上に広げる。

④ ライスペーパーの手前にグリーンリーフ、きゅうり、アボカドをのせ、向こう側にえびを赤いほうを下にして、並べて置く（a）。手前から巻き、最後にえびを巻きこむ（b）。同様に計4本作る。

⑤ とうがらしは水につけてやわらかくし、種をとって、小口切りにする。ソースの材料を合わせ、よく混ぜる。

⑥ 生春巻きを盛りつけ、ソースを添える。

コツ

ライスペーパーをもどすときは、やわらかすぎても、かたすぎてもいけません。ふちがやわらかくなったくらいで、ぬるま湯から引き上げましょう。

皮がだれないよう、なるべく食べる直前に巻きます。時間があくときは、ぬらしてかたくしぼったふきんをかぶせ、乾燥しないようにするといいですよ。

中華風即席漬け

野菜を切って漬けるだけの手軽さ。
とうがらしを加えてはいますが、
それほど辛味は立っていないので、
サラダ感覚でたっぷり食べられます。
中華の献立はどうしても
こってりしたものが多くなりがちなので、
こんな箸休めを添えたいもの。
時々舌をさっぱりさせることで、
さらに食が進みます。

材料　4人分

だいこん	150g
きゅうり	½本
にんじん	¼本（50g）
セロリ	½本（50g）
塩	小さじ½
A［砂糖	大さじ1
酢	大さじ3
ごま油	大さじ1
赤とうがらし	⅓〜½本

作り方　1人分 40kcal ｜ 調理時間（味をなじませる時間は除く）20分

① だいこんは皮をむき、3cm長さ、1cm角の拍子木切りにする。きゅうりは3cm長さに切り、4〜6つ割りにする。にんじんは、3cm長さ、7〜8mm角の拍子木切りにする。セロリは筋をとり、3cm長さ、1cm幅に切る。

② ❶の野菜を合わせ、塩をふり、10分ほどおく。

③ とうがらしは水につけてやわらかくし、種をとって、小口切りにする。Aは合わせる。

④ 野菜の水気をしぼり、Aに30分以上つける（途中で2〜3回混ぜる。冷蔵庫で3〜4日保存できる）。

トマトと卵のスープ

トマトから溶け出す酸味で、
ほどよくさっぱりとしたスープに仕上がります。
短時間で火の通る具材ばかりなので、
あっという間に仕上がるのがうれしいところ。
好みできざんだザーサイを加えたり、
ラー油をたらしてもよいでしょう。

材料　2人分

トマト	小1個（100g）
たまねぎ	¼個（50g）
卵	1個
サラダ油	小さじ1
A　水	400㎖
酒	大さじ½
スープの素	小さじ½
塩	小さじ¼
こしょう	少々

作り方　　1人分 77kcal ｜ 調理時間 10分

① トマトはへたをとって、2㎝幅のくし形切りにする。

② たまねぎは薄切りにする。卵は割りほぐす。

③ 鍋に油を熱し、たまねぎを中火でしんなりするまで炒める。Aを加え、沸騰したらトマトを加える。

④ 再度沸騰したら卵を糸状に流し入れ、ひと煮立ちしたら火を止める。

やわらか青菜の
にんにくソース

中華の献立のときは、
主菜はパッと決まっても副菜に悩むもの。
こんなレシピを覚えておくと便利です。
わざととろけるほどやわらかくなるまで
青菜をゆでることで、甘味を引き出すのがコツ。
水気をきらないのでのどごしがよく、
たっぷり食べられる点も魅力です。

材料　　　　　　　　　　2人分

青菜*	小1束（200g）
にんにく	小1片（5g）
赤とうがらし	½本
サラダ油	大さじ1
しょうゆ	大さじ½

＊ほうれんそうが向く（ゆでると茎までやわらかくなるため）。小松菜、空芯菜など、好みの青菜でも。

作り方　　　　　1人分 **68** kcal ｜ 調理時間 **10** 分

① 青菜は4〜5cm長さに切る。

② 鍋にたっぷりの湯を沸かし、青菜を入れる。やわらかくなるまで4〜5分ゆでる。ざるにとり、器に盛る。

③ にんにくは包丁の腹でつぶし、あらみじんに切る。とうがらしは水につけてやわらかくし、種をとる。

④ 小鍋ににんにく、とうがらし、油を入れ、中火にかける。にんにくの香りが出て、薄く色づいてきたら火を止め、しょうゆを加える。熱いうちに❷にかける。

> **コツ**
> あえて水気を残したいので、ざるにとったら、すぐ器に盛りましょう。あまりに水気が多い場合は、器を傾けて水を捨てます。

ベターホームのお料理教室で実践している、

キッチンの衛生管理と調理の基本

食べものを扱うキッチンは、いつでも清潔に保ちたいもの。
おおぜいの人が一緒に調理を行う料理教室では、
より細心の注意を払わなくてはなりません。
ベターホームのお料理教室でも実践している、
キッチンを清潔に保つための方法と、
包丁の持ち方や、ごはんの炊き方や、だしのとり方など、
今さら聞けない、料理の基礎の基礎を紹介します。

キッチンの"衛生管理"

手を洗う

衛生管理の基本です。
調理の前後だけでなく、肉や魚をさわったあとも。

1 手をぬらして、石けんを泡立てる。

2 手のひらをこすり合わせて、泡を広げる。

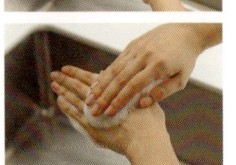

3 手の甲を、こするように洗う。

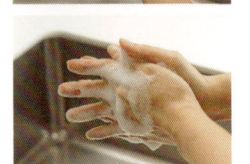

4 指と指を組むようにして、指の間を洗う。

5 爪で反対側の手のひらをひっかくようにし、爪先を洗う。

6 手首を手のひらで握り、回転させるように洗う。

7 流水で泡を充分に洗い流す。

8 清潔なタオルやペーパータオルでふく。

ふきんの消毒

清潔なふきんでないと、使う意味がありません。
毎回、ていねいに洗って、乾かしましょう。

毎回、石けんや台所用洗剤で洗い、よくすすいで乾かす。時々、漂白剤をうすめた液に30分ほどつけ、漂白・除菌をするとよい。

スポンジの消毒

意外と見過ごしがちですが、
スポンジも菌の温床になります。

残った洗剤は、雑菌の栄養になる。使ったあとは毎回、泡が出なくなるまでよくすすいで水気をしぼり、乾燥させる。時々、熱湯をかけて消毒するとよい。

まな板の消毒

野菜を切る面と、肉・魚を切る面は分けましょう。
こまめに手入れをすれば、かびも生えにくい。

使うたびに洗剤でよく洗う。魚、肉などを切ったあとは、まず水ですすいでから洗う（いきなり湯で洗うと、たんぱく質が固まって残りやすい）。その後、熱湯消毒をすると安心。時々、漂白剤をうすめた液に30分ほどつけ、漂白・除菌をするとよい。

"包丁"を扱う

包丁の持ち方

変なくせがつかないよう、
初めに正しい持ち方を覚えましょう。

柄を手のひらで包むように持つ。
柄のつけ根をしっかりと握る。

切るときの姿勢

包丁の持ち方と同じくらい大切なことです。

(右利きの場合)体を調理台からこぶしひとつ分離す。足の間は自然に開けて、さらに右足を少し後ろにして立つ。右足をひくことで、包丁がまな板の側面と平行になり、切りやすい。

包丁を洗う

手を切らないように注意します。

刃を洗うときは、ミネ(背)側からスポンジではさむように。柄も忘れずに洗う。けがの元なので、水きりかごなどに入れず、洗ったらすぐにふいてしまう。

包丁を研ぐ

おいしい料理は、切れ味のいい包丁から。
最低でも月に一度は研ぎましょう。

1 砥石を15分以上(小さな泡が出なくなるまで)水にひたす。砥石は800〜1000番(粒子の細かさ)がめやす。

2 ぬれぶきんの上に砥石を置き(すべりにくくなる)、水を用意する。

3 包丁の刃を手前に向けて斜め45度に置き、いったん刃を砥石にぴったりつけてから、ミネ(背)を5mmほど持ち上げる。

4 刃先、真ん中、刃元の各部分を、10〜15回ずつ均一に研ぐ。

途中でどろどろの液が出てくるが、研磨剤になるので、そのまま続ける。

水がなくなってきたら、途中でたす。

5 包丁を裏返し、同じように角度をつけて、刃先、中央、刃元の各部分を研ぐ。

6 包丁をさっと洗う。包丁の刃全体にミネのほうから指先をあて、ひっかかり(刃返り)があれば、さらに研ぐ。お湯でよく洗い、水気をふきとる。

和食に必須の"ごはん"と"だし"をおいしく

ごはんを炊く

鍋炊きのごはんは、炊飯器のものとはひと味違います。炊飯器の場合は6まで同様に行い、そのあとふつうに炊きます。（できあがり量：約660g）

1. 米2合を正確に計量する。1合＝米用カップ1＝180mℓ（200mℓではないので注意する）＝150g。

2. 最初の水は、たっぷり一気にそそぎ、さっと混ぜてすぐに捨てる（ぐずぐずしていると、ぬかくさくなる）。

3. 水をひたひた程度に入れ、手のひらで軽く押すように手早くとぐ（米1合につき10回がめやす）。

4. 水を3〜4回かえてすすぐ。

5. ざるにとって斜めにし、水気をよくきる。

6. 米を土鍋に移し、水430mℓ（米の量の約1.2倍）を加えて、30分ほどおく。

   { 水はなるべく冷たいものを使う（夏場は冷蔵庫で浸水させるとよい）。最低でも30分は浸水させたいが、逆に長すぎると炊きあがりがべとつく。長くても1時間程度。

7. 弱めの中火にかけ、10分ほどかけて、じっくり沸騰させる。

8. そのまま5分ほど沸騰を続ける。

9. ごく弱火にし、15分ほど加熱する。

10. 火を止め、15分ほどそのままむらしたら、しゃもじで大きく混ぜて、余分な水分をとばす。

かつおだし

もっとも一般的なだし。どんな和食にも使えます。（できあがり量：約600mℓ）

1. 湯650mℓを沸かし、沸騰したら、けずりかつお10gを入れる。

2. 再び沸騰したら火を止め、1〜2分おく。

3. 目の細かいざるでこす（魚くささが出るので、だしがらはしぼらない）。

きちんと "あと片付け"

食器を洗う

環境にやさしく、
合理的な洗い方を心がけましょう。

ごはん茶碗などは、洗いかごなどに水をはってひたしておく（ただし、油気のあるものは、入れないようにする）。

市販の食器用洗剤は、濃縮タイプのものがほとんど。水で適宜うすめておく（水1ℓに軽くひと押しでよい）。

汚れがひどいものは、ゴムべらなどでぬぐう（ぬぐった汚れは、流しに捨てず、生ゴミ入れに）。

油気がなく、汚れの少ない食器から、水（湯）で洗う。茶碗も洗剤なしでOK。水にひたしておけば、米粒もするりと落ちる。

汚れのひどいものは、最後に洗剤をつけて洗う。フッ素樹脂加工のフライパンは、スポンジのやわらかい面で洗うこと。

五徳やざるなど、汚れの残りがちなものは、時々「煮洗い」をすると、さっぱりする。大きな鍋に水と食器用洗剤数滴を合わせ、沸騰後10分ほど煮る。

生ゴミの処分

水気が残っていると、においの原因に。
チラシなどを使って、生ゴミ入れを作っておくと、
適度に水気がきれ、そのまま捨てられて便利です。

1 チラシを2つに折る。

2 さらに2つに折る。

3 袋を両側とも開く。

4 内側を表にする。

5 中心に向かって両端を折る。

6 上部を折る。

7 反対側も折る。

8 開く。

9 完成。

すぐに役立ち、一生使える
ベターホームのお料理教室

ベターホーム協会は1963年に消費者教育組織として発足。
以来50年以上にわたり、料理教室や出版活動を通して、心豊かな暮らしの提案を行っています。
家庭料理のおいしい作り方だけでなく、
科学的に「なぜそうするのか」までを教えるのがベターホーム流。
さらに、栄養、食材の買い方や保存、季節の行事食、
食べものを大切にする心など、暮らし全般について教えています。
「ベターホームのお料理教室」は全国で開催。
初心者向けのコースをはじめ、
手作りパン、お菓子など、多種多様なコースがあります。
女性だけでなく男性受講生も多数。さまざまな年代の方が楽しく通っています。

※本文の料理教室の名称は2012年当時のものです。

ベターホームが料理教室で50年教え続ける、しっかり作りたい定番料理100品

料理研究／ベターホーム協会（堀江雅子・宗像陽子）
撮影／鈴木正美
スタイリング／久保田朋子
アートディレクション＆デザイン／新井 崇（cash g.d.）

初版発行　2012年2月1日
13刷　　　2021年5月1日

編集・発行　ベターホーム協会
〒150-8363　東京都渋谷区渋谷2-20-12
＜編集・お料理教室の問い合わせ＞☎ 03-3407-0471
＜出版営業＞☎ 03-3407-4871
http://www.betterhome.jp

ISBN978-4-904544-22-8
落丁・乱丁はお取替えします。本書の無断転載を禁じます。
© The Better Home Association,2012,Printed in Japan